高效

管理口才

与技巧

何维鹏◎编著

中国纺织出版社有限公司

内 容 提 要

管理即说服，口才能力已经成为衡量职场管理能力的一大标准。无论是给下属下达指令、做工作报告，还是开会、演讲、商务谈判等，都离不开说话。管理者需要具备出色的口才能力。

本书从管理者的日常工作出发，深入浅出地探讨具有指导性的说话技巧与方法，帮助管理者提高自己的讲话水平，让管理者在不同场合、面对不同对象都能得体而恰当地运用语言技巧达成自己的目的，从而帮助管理者提升形象、树立威信、实现高效管理。

图书在版编目（CIP）数据

高效管理口才与技巧 / 何维鹏编著. ––北京：中国纺织出版社有限公司，2021.4 （2022.2重印）
ISBN 978–7–5180–8035–9

Ⅰ. ①高… Ⅱ. ①何… Ⅲ. ①管理—口才学 Ⅳ.
①C93②H019

中国版本图书馆CIP数据核字（2020）第203683号

责任编辑：张 宏 责任校对：高 涵 责任印制：储志伟

中国纺织出版社有限公司出版发行
地址：北京市朝阳区百子湾东里A407号楼 邮政编码：100124
销售电话：010—67004422 传真：010—87155801
http://www.c-textilep.com
中国纺织出版社天猫旗舰店
官方微博http://weibo.com/2119887771
三河市延风印装有限公司印刷 各地新华书店经销
2021年4月第1版 2022年2月第2次印刷
开本：710×1000 1/16 印张：12
字数：156千字 定价：39.80元

前言

现代社会，口才对于工作和生活的重要性毋庸置疑。一个人如果善于言辞，就能让自己的工作和生活更加轻松、愉悦，不仅使自己快乐，也使他人快乐。口才训练大师戴尔·卡耐基说过："一个人的成功，约有15％取决于专业知识，85％取决于沟通能力——发表自己意见的能力和激发他人热忱的能力。"而对于活跃于官场、职场的管理者来说，是否具备了好口才，将直接影响他们的管理成效。所以，口才对于管理者来说，就好比氧气对于生命那么重要。

看看古今中外那些卓越的领导者，无一不是讲话的高手。使楚的晏子利用自己不凡的口才挽回了颜面；苏秦以雄辩之才挂起六国相印；张仪靠着自己三寸不烂之舌到处游说，最终建功立业；诸葛亮联吴抗曹，舌战群儒……而现代企业内部，真正高效的管理依赖于管理者和被管理者之间的有效沟通。清晰的沟通会带动员工的投入和认可、较高的忠诚度和生产力。而后者自然会带来好的工作业绩。所以，管理与被管理者之间的有效沟通是管理艺术的精髓。

事实上，资料表明，企业管理者70％的时间用在说话上，比如：开会、商务谈判、做工作报告、与员工谈话。虽然管理者投入了大量精力用于说话，但是因为口才不好而引发沟通障碍的事却经常发生，这样的沟通障碍导致员工工作积极性差、执行力差。因此，管理者提高自己的说话水平特别重要。

美国著名趋势观察家约翰·奈斯比特曾指出："未来竞争是管理的竞争，竞争的焦点在于每个社会组织内部成员之间及其外部组织的有效沟通。"美国演讲家戴普说："世界上再没有什么比令人心悦诚服的交谈能力更能迅速获得成功与别人的钦佩了，这种能力，任何人都可以培养出来。"

从某种程度上说，任何一个优秀的管理者，都应该锻炼自己的口才，用温暖得体的语言去感召被管理者，在"润物细无声"里达到管理的目的。而掌握了这种借助口才的高效管理艺术，会让你在管理活动中，进一步融洽与被管理者之间的人际关系。在这样和谐的工作环境中，员工的能动性就会被大大激发，工作热情和业绩都会相继提高，相信这也是所有管理者梦寐以求的。

当然，任何一种能力，也包括好的口才的获得都不是一朝一夕的事。一个管理者学会说话容易，但要说好话，说让别人爱听、真正表达自己并达到自己目的的话，却并不易。不过，这也并不是做不到。国内外大量的实践研究表明，掌握并合理运用一些基本技巧，就能在较短的时间内成功地提高自己的讲话水平。

本书集各行业管理者的讲话经验和讲话艺术于一体，融理论指导性与实际可操作性于一炉，语言精妙，文字洗练，告诉管理者怎样练就好口才，成为最受欢迎的管理者。同时，本书还引用了众多管理者的讲话实例，具有很强的实用性。如果你能掌握本书中的精髓，相信你的说话水平就能获得一个质的提高。

编著者

2020年10月

目 录

第 01 章

好口才成就好管理，管理者应掌握的口才艺术

美国前总统尼克松曾经说过："凡是我所认识的重要领袖人物，几乎全都掌握一种正在失传的艺术，那就是特别擅长与人作面对面的交谈。"的确，管理大师认为，管理即说服。企业或组织的管理者，如果不能在交谈时吸引人、打动人，那么，他大概也说服不了人，管理能力自然不足。因此，管理好下属，口才是关键。口才是管理者必备的一项基本功。

好口才是管理者必备的一项基本功

口才的重要性毋庸置疑。刘勰在《文心雕龙》中感叹："一言之辩重于九鼎之宝，三寸之舌强于百万雄兵。"古往今来，有"片语可以兴邦，一言可以辱国"的说法。而现代企业和组织中，管理者要实施管理工作，包括发号令、下指标、做总结等，也离不开口才。口才能力好，管理工作自然能事半功倍、水到渠成。一个领导要想提高自己的管理水平，增强自己的管理能力，就必须努力提高自己的口才。

亚伯拉罕·林肯在竞选总统时发表了这样的演说："有人打电话问我有多少钱，我告诉他我是一个穷光蛋。但我有妻子和一个儿子，他们都是无价之宝。我租了一间房子，房子里有一张桌子和三把椅子，墙角有一个柜子，柜子里的书值得我读一辈子。我的脸又瘦又长，且长满胡子，我不会发福而挺着大肚子。我没有可以庇荫的伞，唯一可以依靠的就是你们。"

这样一番绝妙的演说成功地为林肯在公众面前树立起一个清廉诚实、平易可亲而且极其幽默的形象。它之所以有感染力，就是因为它虽然是一个玩笑，但却没有任何夸夸其谈、模棱两可、道听途说、添油加醋的成分。谁能抗拒这种感染人心的魅力呢？

林肯的长相让人无法恭维，他自己对此也不避讳。他的政治对手道格拉斯在与他辩论时严厉指责他是个"两面派"。

林肯答道："现在，请各位电视观众评评看，我如果还有另一副面孔的话，我会戴着现在的这副面孔吗？"这话引起观众大笑。

这里，面对他人的挑衅，林肯并没有直接道出道格拉斯的指责是荒谬的，而是先调侃了一下自己。在让观众大笑的同时，自然也反击了道格拉斯。

由此可见，一个领导的口才能力，不仅会对活动的顺利开展和目标的顺利达成产生巨大的影响，还会对领导者树立称职的领导形象起至关重要的作用。领导的口才能力直接体现其管理水平。任何一个领导都团结着一群人，这可以是几人或十几人，可以是几十或上百人，也可以是几百或几千人。领导每天都要管理这个团队，为实现团队目标而努力。而一切管理工作的开展和落实都依赖于口才。

我们再来看下面这篇就职演讲：

××公司所有在座的领导和同事们：

大家下午好！非常感谢大家能暂停手上的工作来听我的就职演讲，更感谢大家能选我做公司的CEO。我深知这个工作的分量，因为它包含着全公司上下一千多人的重托。能成为公司的CEO，我感到无上光荣。

从刚开始来这家公司，到现在已经十年了。我一直热爱这份工作，它不仅给了我生活的物质来源，还给了我实现价值的机会。这十年里，我也获得了不断的成长。

在感到光荣的同时，我更感到一种压力。对我来说，今天是一个新的起点，我将担负更大的责任。现在的我就像一个学生，我要学习如何把公司做大做强；或者说像写一篇文章，如何把这篇文章做得更好；又像是参加一场接力跑，如何把这一棒跑得更快。这是对我的一种检阅、一种审视、一种挑战。我将在今后的工作中，恪尽职守，踏踏实实，勤奋工作，毕全部精力以求不辱使命。我想，只有这样，才能回报大家对我的信任和厚爱。

接下来，我想谈谈我对本公司未来一年的发展规划……

我深知自己知识储备不足，能力更是有限，但是同样也坚信，只要我能努力学习，尽我所能，就能和各位同仁们一起把公司做大做强。

我相信，经过全体员工的一起努力，我们的奋斗目标就可以实现，也一定能够实现。我渴望在我交卷或者交棒的那一天，得到的掌声比现在更多，更热烈。因为，你们的肯定就是对我最大的褒奖。

最后，我要说的是：我将铭记今天，我将忠实履行诺言。

谢谢大家！

在这一演讲中，我们看到了一个即将上任的CEO是如何雄心勃勃地展现自己的信心的。在日常工作中，下属或员工当面接触领导的机会并不太多，而他们之所以服从于领导的管理，很大程度是因为领导的口才好。作为领导，如果你口才能力太差，你有可能在下属面前丢面子、掉链子，下属自然不能心服于你。这样，你还能管理好下属吗？你的团队怎么会相信你的管理能力呢？

为此，任何一名管理者都要深刻认识管理与口才的关系：

1. 管理与口才

在西方管理学界流行着这样一句话："管理即是管人。"甚至，管理学家劳伦斯·阿普利说："管理就是通过他人把事情办妥。"换句话说，管理在很大程度上其实就是一种处理人际关系的艺术。而在处理人际关系的过程中起着非常重要作用的则是口才与沟通的能力。因此，学习管理在一定程度上就要培养口才。

2. 口才是管理能力的直接体现

一个领导的口才水平，会直接关系到下属或员工对其的信赖程度，会关系到一个领导的管理能力的强弱。试想，一个只会念稿，讲话如念经文，甚至不着边际的领导，如何能让人信服于他？高超的口才是领导形象的直接展示，也是领导管理能力的直接体现。

表达富有亲和力，好的管理者语言都平易近人

心理学家认为，感情是人对客观事物好恶倾向的内在反映。人与人之间建立了良好的感情关系，便能产生亲切感。通常情况下，如果人与人之间有了亲切感，那彼此之间的吸引力就会增大，影响力也会逐步放大。因此，管理者在进行语言表达的时候，应富有亲和力，从而迅速地缩小与他人之间的心理距离。管理者平时说话和蔼可亲、平易近人，用自己的语言表达时刻体现对下属的关心，那么这份亲和力就会使领导与下属的关系越来越融洽。与此相应地，管理者的影响力就会越来越大。相反，如果管理者说话太严肃，缺乏一定的亲和力，他与下属的关系就容易紧张，两者的心理距离势必加大，进而在彼此间形成一种心理对抗力，进一步恶化上下级关系。

美国某位总统，在庆祝自己连任时开放白宫，与一百多个小朋友亲切"会谈"。10岁的约翰问总统，他小时候哪一门功课最糟糕，是不是跟自己一样，也挨老师的批评。总统告诉他："我的品德课就不怎么样，因为我特别爱讲话，常常干扰别人学习。当时，我可是老师经常批评的对象。"他的幽默回答，使现场气氛非常活跃。

有一位叫玛丽的女孩，她来自芝加哥的一个贫民区。她对总统说，她每天上学都很害怕，因为她不知道会发生什么事情，害怕路上遇到坏人。这时，总统收起笑容，严肃沉重地说："我知道现在小朋友过的日子不是特别如意，因为有关毒品、枪支和绑架的问题政府处理得不理想。我希望

你好好学习，将来有机会参与到国家的正义事业之中。也只有我们联合起来和坏人做斗争，我们的生活才会更美好。"

总统在为小朋友们讲述自己经历的过程中，富有幽默感，而且，极具亲和力，也难怪小孩子都喜欢与他交谈。那些幽默而具有亲和力的话语紧紧抓住了小朋友的心，使小朋友从心底认为总统与他们是好朋友。场外的人看到了这样的对话场面，也会感觉到总统是一个亲切的人。

在现实工作中，我们经常看到许多管理者各方面能力都不错，但是，却总是给人难以亲近之感。其实，这是因为他们在管理下属的过程中，忽视了下属已经不再是传统意义上的经济人，而是渴望得到关怀的社会人。如果领导想令下属心悦诚服，为自己所用，就要发挥感情的作用，诸如多展现自己的亲和力，拉近与下属之间的心理距离。有人形象地将领导的亲和力比作盛装佳肴的器具，把所要表达给别人的思想比作佳肴。试想，如果这器具是脏兮兮而又令人讨厌的，那有谁还愿意品尝那美味的佳肴呢？

琳达的公司是一家知名的化妆品公司。为了扩大自己公司产品的影响，琳达女士坚持用自己公司生产的化妆品。同时，她建议公司的员工不要使用其他公司的化妆品。她不能够理解凯迪拉克轿车的推销员开着福特轿车到处游说，人寿保险公司的经理自己不购买保险。不过，她在与员工交流诸如此类的问题上，她较好地使用了"亲和力"。

有一次，琳达发现一位经理正在使用另外一家公司生产的粉盒以及唇膏。这时，她借机走到那位经理桌旁，微笑着说："老天爷，你在干吗？你不会是在公司使用别家公司的产品吧？"玛丽的口气十分轻松，脸上洋溢着微笑。那位经理的脸红了，急忙放下手中的化妆品，显得很不好意思。过了几天，琳达送给那位经理一套公司的口红和眼影膏，对她说：

"如果你在使用过程中觉得有什么不适，欢迎你及时地告诉我，先谢谢你了。"没过多久，公司所有的新老员工都有了一整套本公司生产的适合自己的化妆品和护肤品。琳达女士亲自向员工们做了详细的使用示范，同时，她还告诉员工："以后你们在购买本公司的化妆品时是可以打折的哦。"

琳达极富亲和力的表达，拉近了她与员工的心理距离。在这一过程中，她向员工成功地传达了自己的经营理念。在日常工作中，我们经常听到领导命令下属"做这个""做那个"，或者是"不要做这个""不要做那个"。如此缺乏亲和力的语言表达拉远了他们与下属的距离。换一种亲和力的语言表达，领导可以说"你可以考虑这个"或"你认为这样做可以吗？"管理者多给下属展现自我的机会，少命令下属该如何做事，在沟通中展露亲和力，自然而然，与下属的距离就拉近了。

管理者应该记住，亲和力并不是巴结和献媚，而是一种心与心的平等与互惠。下属并不喜欢那种高高在上、说话不留情面的领导。在他们看来，这样的领导离自己太远。那么，在现实工作中，领导该如何施展自己的亲和力呢？

1. 对下属，勿用命令的口吻

有的领导总是喜欢命令下属"你去干这个"或"你不要做那个"，结果常常引发下属的抵触情绪。大量事实证明，用命令的口吻指挥下属做事，其效果总是不如用商量的语气。毕竟，每个人都不喜欢被呼来唤去。如果领导使用建议的语气，诸如"你觉得这么做行吗？""你是否能够尽快完成这项任务？"这样的话，下属会更乐意采纳你的建议，因为你给了他们一种备受重视的感觉。

2. 与下属说话放下架子

人与人之间的地位是平等的，不要认为自己站在管理者的位置上就高人一等。无论是与谁说话，都需要平易近人，适当放低自己说话的姿态。在现实工作中，那些高不可攀的管理者令人生厌。主动表示亲和或适当放低姿态，会满足对方的自尊心需求，也更容易让自己的建议为下属所接受。

3. 不要总是摆领导姿态

我们经常会听到这样的议论："我们单位的领导，官虽然只有芝麻那么大，架子倒是摆得不小。其实，他越是这样子，我们就越是懒得理他。""你们单位的领导说起话来怎么老是那样子，拿腔拿调，真让人受不了。"可见，对于说话爱摆架子的领导，下属会心生反感，且不愿意与之亲近。因此，管理。者在与下属沟通交流时，要注意不要总是摆领导姿态。

运用好口才树立威信，形成感召力

在管理工作中，我们经常会提到"威信"一词。所谓"威信"，指的是管理者在被管理者心中的信誉与威望，是一种精神感召力。管理学者认为，一个具有感召力的管理者，才会是一个团队的核心，是团队中每个人效仿的对象；一个具有感召力的管理者，其感召力能鼓舞团队中每个人的士气，充分调动个人所长，发挥每个人的主观能动性；一个具有感召力的管理者，可有效影响整个团队的发展。然而，感召力的形成，需要一个管理者有出色的表达能力，不管处于什么场合，所说的话都要"言之有物，言之成理"。

如果管理者说话没威信，等于白讲。领导讲话历来都是政治家和各级领导宣传政见、安排部署工作的有效形式，它需要有高于普通交流的威信感。好口才能帮助管理者树立一定的威信，让下属或员工紧跟着你的旗帜。在团队工作中，管理者就如同是驰骋沙场的将军，是决定战争胜败的关键因素。千军易得，一将难求。任何一个组织、一项事业的成功，都离不开一位好的管理者作统帅。毫无疑问，管理者的口才对维护管理者形象，树立管理者威信有着重要作用。

在某研发小组成立的动员会议上，该小组组长说了这样一段话：

"成功学大师拿破仑·希尔曾认为，'集思广益'是人类最了不起的能耐，不但可以创造奇迹，开辟前所未有的新天地，还能激发人类最大的潜能。常见的情况是，人们在思想的交流与碰撞中，一次就有可能产生独自一人10次才能完成的思考和联想。这方面成功的例子是绿茵场上的德国队。

"德国球员就像军人，纪律严明，谨慎细致。他们在落后、领先、僵持的各种情况下，总是保持着统一的基调，按部就班地寻找机会，不到最后一刻绝对不放弃比赛。英格兰前著名先锋莱因克尔曾说过：'足球就是11人对11人的运动，最后取得胜利的总是德国人。'荷兰教父克鲁依夫也这么说过：'都说荷兰飞人，但是真正能跑的是德国人，他们简直可以以一个频率不停地奔跑。'这两位都曾经是德国队的有力对手。靠团队协调，德国队屡屡创造骄人战绩。

"在一个出色的足球队中，不一定每个球员都是最优秀的，但这个足球队的搭配和组合一定最优秀。我们成员间也是如此，我不能保证我们每个人都是天才，但是我要得到大家的保证，保证你们都能做到齐心合力，保证我们的合作是协调的、顺畅的，而不是彼此内耗的。谢谢大家。"

这里，我们发现，这位小组组长是个有号召力的管理者，他通过讲德国球员的故事，告诉了小组成员，只要一起合力向前，就能创造辉煌。

管理者的权威是通过日常工作中的语言表达来树立和彰显的。简单地说，管理者通过讲话让下属相信并且信服，这样，下属就会自然而然地拥护你、支持管理者，管理者也就有了威信。

树立"威信"的语言应表现得平易近人，这样才有助于拉近与下属之间的关系，培养一种归属感；还应表现出作为管理者应有的志向，让下属觉得奋斗是有前途的；最后，还应表现出管理者应有的权威和威慑力，这样，下属才会对你心悦诚服。当然，管理者需要记住，所谓的"权威、霸气"并不是高高在上、盛气凌人。

管理者要想在说话中树立威信，可以从"理、情、智"三方面下手。

1. 以理服人

管理者应在下属面前做好榜样，以理服人，千万不要认为自己是领导，就高人一等，凡事由着自己的性子来。对于下属的意见应多听，如果你觉得对方的想法有所偏颇，你应该找出足够的理由来说服对方，而不是一味以权势压人。毕竟，管理者的威信是自然流露，而不是刻意做出来的。

2. 以情动人

管理者说话要以情动人，这是因为管理者的威信作为一种影响下属的感召力、吸引力，是通过与下属感情传递发生的。一个成功的管理者的威信80％来自情感方面，20％来自智慧方面。说话以情动人，能帮助管理者与下属建立亲密的关系，使下属对其产生亲切感。这样，下属会更好地接受管理者的影响，上下级之间的关系也会越来越融洽。

3. 以智赢人

管理者说话要有理性，有见识，任何事情需要讲韬略，尽可能说得体的话，做正确的事情。另外，管理者在与下属相处的过程中，说话要以智赢人，协调好上下级的人际关系，从而赢得下属的支持与敬佩，达到纠正下属行为、彰显自己威信的目的。

激励员工，运用好口才凝聚人心、鼓舞士气

著名的管理学家鲍勃·纳尔逊说："在恰当的时间从恰当的人口中道出一声真诚的谢意，对员工而言比加薪、正式的奖励或众多的资格证书及勋章都更有意义。这样的奖赏之所以有力，部分是因为经理人在第一时间注意到相关员工取得了成就，并及时地亲自表示嘉奖。"管理者应以恰当的语言激励员工，促进工作有序、高效地进行。

在这次工作任务中，小王出色地完成了任务，他兴高采烈地对主管说："我有一个好消息，我跟了两个月的那个客户今天终于同意购买了，而且订单金额会比我们预期的多25%，这将是我们这个季度价值最大的订单。"但是，这位主管却对小王的优秀业绩反应很冷淡。他毫不在意地说："是吗？你今天上班怎么迟到了？"小王说："路上塞车。"这时，主管严厉地说："迟到还找理由，都像你这样，公司的业务还怎么做！"小王垂头丧气地回答："那我今后注意。"于是，原本高兴的小王一脸沮丧地离开了主管的办公室。

在这个案例中，当小王寻求主管激励的时候，不仅没有得到主管的任何表扬，反而因迟到而受到了主管武断的训斥。小王不但没有获得肯定和认可，反而受到了很大的挫折。有时候，几句看似平常的话会迸发出巨大的力量。管理者应该清楚员工也需要激励。管理者应善于利用管理口才，激励员工继续前进，努力工作。

其实，在现实工作中，激励下属并非难事。话语肯定，或给下属一个

积极、正面的表情都可以满足下属被重视、被认可的需求，从而达到激励的效果。

当然，卓越的管理口才应是感召力强的语言，如此，才能凝聚人心、鼓舞士气。如果一个管理者的语言平淡无奇，如同一潭死水，那就没人愿意听，即使话语的中心思想多么正确，员工也难以接受。所以，管理者要利用具有感召力的语言去说话，诸如奔放的语言、火热的评议、慷慨激昂的语言，这样，才能激起员工的热情，达到激励员工的目的。

富兰克林的制宪会议收尾演讲是这样的：

"先生，我承认，这部宪法中的若干部分，我现在还不能同意，但我没有把握说，我将来永不同意这些部分。活了这么大的年纪，我已经历过许多场合……从未在外面窃窃私语。在此四壁之内，我的话语诞生，也在这里消失。如果我们每个回到选民那里去的人，都向他们报告自己对宪法的反对意见，力图获得一帮一派的支持，我们或许要避免采取这种做法，免得我们的崇高努力前功尽弃，我们真实或表面的全体一致，自然会在世界各国和我们自己人中间产生出高尚效果和巨大益处。任何政府，为了获得和保障人民的幸福、大部分的力量和效能，需要印象，需要民众对政府的良好印象，需要对治理者的智慧和人格完整的良好印象。为此，我希望，作为人民的组成部分，为了我们自己，为了子孙后代，我们采取全心全意、全体一致的行动，尽我们所能，推荐这部宪法（如果得到邦联议会的认可和各邦制宪会议的批准），把我们未来的思想和努力，转向治国安邦。

"先生，总的来说，我禁不住想要表达一种愿望：制宪会议中每位对宪法或许还有异议的代表和我一起，就此机会，略微怀疑一下自己的一贯正确，宣布我们取得一致，在此文件上签上他的名字。"

在这一收尾中，富兰克林总结了自己演讲的观点，发表了自己的愿望——为了我们自己，为了子孙后代，我们采取全心全意、全体一致的行动，尽我们所能所及，推荐这部宪法。整个演说推理严谨、语言缜密，可谓无懈可击，鼓舞人心。

在现实工作中，我们经常听到下属这样的评价："谁谁谁号召力强""谁谁谁有魄力""谁谁谁的话很激励人"。当然，管理者身上这些所谓的"号召力""魄力"都是通过口才体现出来的。具备好口才的领导者，总是能够通过一番话把员工的心凝聚起来，将下属的力气组织起来；而那些口才不怎么样的领导者，即使站在那里说了大半天，也不能让下属吃他那一套。这时，管理者又该如何达到激励的目的呢？

1. 赞美员工

卡耐基说："赞扬具有神奇的魔力，它不仅会带来欢乐，更会带来无穷的力量。"显而易见，赞美的力量是无穷的，而以赞美达到激励员工的目的则是领导者常用的方法，它可以不受时间、地点、环境的限制。不要吝啬你的赞美，它会帮你有效地激励员工。一名成功的企业家这样讲述了自己的管理心得："如果我看到一位员工杰出的工作，我会很兴奋，我会冲进大厅，让所有其他的员工都看到这个人的成果并且告诉他这件工作的杰出所在。"

2. 尽量使用积极性的激励语言

有时候，员工就像是课堂里的学生，对他们要多使用积极性的激励语言。诸如"你很不错""这件事情办得不错""你想得很周到"的积极性的语言，能激发员工的热情，激励他们继续努力。每个人都希望自己的付出被人肯定。哪怕员工事情做得并不完美，管理者也应先肯定对方的努力，如果你忽视了员工的努力，甚至只抓住一点小错误不放，那么，员工就会变得很沮丧，从而降低工作的积极性和热情度。

总之，管理者说话的目的是影响员工、教育员工，甚至改变下属的思想。而要想达到这些目的，仅仅靠指派、命令是远远不够的，还要依靠激励。通过说话，调动员工的热情，才能激励员工自动自发地努力工作。

第 02 章

言之有物，管理者应掌握的口才提升大法

我们都知道，语言是表达思想感情的有效形式。一个深谙口才技巧的管理者，绝不会勉强别人，压制别人，绑架别人的思维，而会巧妙地将别人的思想与自己的言论接轨，准确、贴切、生动地表达和沟通，让别人对他充满欣赏之情。出色的口才背后需要的是丰富完善的知识系统。想要表现出对语言正确合理的运用，就需要管理者在日常生活中不断锻炼自己的表达能力。只有这样，才能在开口时言之有物，打动听众！

博闻多识，才能舌灿莲花

杜甫有诗云："读书破万卷，下笔如有神。"意思是说只有通过不断地知识积累，才能够笔下有物，不至于词语枯竭，思维阻塞。其实说话也是一样的道理。脱离了知识素养的沉淀，便不会有舌灿莲花的口才。

对于不少管理者来说，提升口才能力的关键就在于储备"粮草"。否则，未经准备就开口，难免会惊慌失措，甚至贻笑大方。

当然，俗语说："冰冻三尺，非一日之寒。"想要一开口就能言之有物，一方面要掌握一定的口才技巧，另一方面要注重平日里的锻炼和学习，在平日里多积累词句，充实自己的内在。

下面这个笑话可以给我们一些启示。

民国时期的韩复榘（jǔ）出身旧军阀，是一个胸无点墨的人，在担任山东省政府主席期间，闹出了许多笑话。

一次，在齐鲁大学的校庆典礼上，他被邀请去做一番演讲，但他的一通讲话，让全校师生狂笑不已。

他这样说道："大学生、二学生、三学生们，今天是什么天气？今天是演讲的天气。开会的人来齐了没有？没来的请举手！很好，都到齐了，你们来得很茂盛，敝人也实在感冒……今天兄弟召集大家，来训一训，兄弟有说的不对的地方，大家应互相谅解。因为兄弟和大家比不了，你们是文化人，你们这些乌合之众，是学科学的、学化学的，都懂七八国的英文。兄弟我是个大老粗，连中国的英文也不懂……你们是从笔筒里钻出来，今天到这里来讲话，真使我蓬荜生辉，感恩戴德。对你们讲话是没有资格的，就像是对牛弹琴。"

台下的学生们听了笑得前俯后仰，但他好像视而不见，继续自己的演说："今天我主要是讲蒋委员长的三个纲目。蒋委员长在提倡新生活运动，兄弟我自然是要举双手赞成的，但是有一点我就闹不明白'行人靠右边走'，那么，留着左边的路给谁走呀？还有一件事，让兄弟感到很气愤，北平东交民巷有很多洋鬼子的大使馆，却偏偏没有我们中国的，在中国的地方竟然没有中国的大使馆，岂不是表明我们中国太软弱了吗？因此，我就向蒋委员长建议建一座中国的大使馆出来。"

接下来他又提到了齐鲁大学的办学条件，他说："咱们这些大学生们的生活实在是太苦了，条件也简单了点，我经常见十几个人大热天的穿着裤衩在抢一个篮球，实在是太不雅观了。我们虽然穷，但是几个球还是有的，明天就让财政厅给你们送一笔钱来，多买几个球，一人一个岂不更好，免得为了争一个球而伤了大家的和气！"

等到韩复榘讲话完毕，被前呼后拥着退出主席台后，全校学生终于忍不住开怀大笑起来，尽情地嘲笑这个不学无术的家伙。

韩复榘本来想通过这场讲话来塑造一个亲民的形象，也想向学生表现一下自己的学识和思想，最终却因为胸无点墨而闹出了大笑话。从这里，我们可以发现，知识储备对于一个管理者的重要性。

俗话说："厚积薄发。"一个人收放自如的口才能力绝不仅仅只是依仗于技巧的培养，而是在经过了对生活的思考、学习和研究才有的结果。管理者要想成为一个会说话的人，不仅要有敏锐的观察能力、掌握一定的说话技巧，还要全面提升自身的文化修养。只有有了底蕴，才能够说出一些典雅的话语来。正所谓"内有底蕴才能话语生香"。

我们再来看下面一段精彩的演讲：

"为什么宝玉把爱情转移到了潇湘馆呢？这不仅仅是因为黛玉有妩媚的容貌，更主要的是黛玉追求的是高尚精神生活，有与腐败的现实生活相悖的丰富内心世界；是因为他俩有共同的理想，共同的爱憎，共同的语言。他俩相亲相爱，黛玉每天用高尚的、纯洁的、专一的爱情影响着宝玉；宝玉每天用自己美好的心灵影响着黛玉。正像王熙凤所说：黛玉如同一盏美人灯。这盏小灯不是用油点燃的，而是用她的爱情、眼泪和辛酸。在那漫长的如漆一般的封建黑夜里，正是这盏灯，照亮了宝玉的爱情道路，使宝玉的精神境界得到升华。"

这一段演讲没有华丽辞藻，没有精雕细琢的措辞，却不得不让我们点头称是。其中，演讲者若不是对《红楼梦》人物做过一番细细剖析，又怎能有这番感悟？同样，任何一个管理者，在演讲中，不仅要"能说话"，还要"会说话"。因为口才是恰当的语言与熟练的应用技巧的结合，而要做到"会说话"，就一定要在平日注重积累。

知识是人们在社会实践活动中所获得的认识和经验的总和，是口语表达的坚实基础，也是形成优秀口才的必要条件。卡耐基在《语言的突破》这本书中强调："在这个世界上，全新的事物实在太少了。即使是伟大的演说者，也要借助阅读的灵感和得自书本的资料。"

管理者若希望博闻多识以培养自己的表达能力，可以采纳以下三个建议：

1. 系统学习语言基础知识

这里的语言基础知识，指的是语法、逻辑和修辞方面的知识。学习这些知识，有助于提高口语表达的正确性、生动性和严谨性。

2.系统地学习和掌握副语言特征和体态语言等方面的知识

副语言特征主要包括音质、音强、音色、语气、语调、语速、节奏等；体态语言主要包括表情、神态、动作、身姿、手势等。这方面的知识可以帮助管理者更好地展现自己的精神风貌、情绪感受和个性特征。

3.坚持积累和吸收优秀的语言养料，做好词句的积累

古往今来的实践证明，不断地在生活中为自己补充新鲜的语言信息，是提高语言素养的永不枯竭的源泉。而要提高语言知识养料，方法众多，日常生活中，管理者可以借鉴经典名家的演讲，阅读中外名著，与时俱进地学习那些有生命力的活语言等。

总之，口语表达成功的关键是优秀的语言运用能力，以及较高的语言素养。

管理者开口有水平，才能掌控局势

俗话说："好的开始等于成功了一半。"管理者讲话也应如此，不鸣则已，一鸣惊人。瑞士作家温克勒说："开场白有两项任务，一是建立说者与听者的同感；二是如字义所释，打开场面，引入正题。"不得不说，管理者进行的任何形式的讲话，开头都是关键，因为在许多会议场合，大部分都是先由管理者讲话，而拥有好口才的领导，几乎是一开口就有水平，就能调动整个会场的气氛。

开口就要有水平，简单地说，就是需要一段精彩的开场白，开场白不仅仅需要精彩，更需要能够详细、巧妙地把活动或会议的内容介绍出来。精彩的开场白给人的印象是深刻的，能起到先入为主、吸引听众的效果。精彩的开场白往往能像磁铁一样紧紧地吸引住听众，增强他们对讲话内容的兴趣。好的开头可以一下抓住听众的心，给人以深刻的印象，吸引人们继续听下去。就像看一本精彩的小说，开始就兴味盎然，人们自然急于了解下面的情节。开场白还要尽量避开那种陈旧死板、千篇一律的格式。你要根据讲话内容或讲形势，或道特点，或提要求，要因境制宜、灵活构思、巧妙设计，让下面的听众在不知不觉中进入你精心设计的"圈套"。

在美国会计协会罗切斯特分会的一次演讲中，演说者唐纳德·罗杰斯通过表达他对听众需要的关心而激发起了听众的兴趣：

我今晚要演说的题目是"信息的透露"。确定这个题目之前，我先是查阅了本地的会计年鉴分册和全国会计协会的学术专刊，然后又询问了我的同事亚历克斯·莱文斯顿和戴夫·汉森："今晚来听演讲的人都有哪些？他们希望我讲什么？"他们告诉我在座的各位都是些很热心的人，希望我的演讲有趣而富有启发性。因此，我将告诉大家一些有用的知识，我也同时希望我的演讲简明扼要，并留给大家一定的提问时间。

有时候，大家的时间是宝贵的，他们也是"自私"的，他们只有在感到能从讲话中有所收获时才愿意专心去听。说话的开头应正面回答听众心中的"我为什么要听"这一问题。而唐纳德·罗杰斯在开场中就向听众展示了这一点，因此，他便顺利打开了与听众继续沟通的门道。

讲话一定要有精彩的开场，这一开场应灵活应变，不应千篇一律，比如"现在开会，请领导做报告""这次活动马上开始，第一项进行的是……"如果仅是做这样简单的介绍，那么就很难激起听众的兴趣。你应该根据活动的具体情况，或说说会议内容，或讲讲形式，或道道特点，或提提要求，或谈谈"历史上的今天"。总之，要因境制宜，灵活设计，以创造良好的气氛，最好能使听众发出来自内心的微笑。

一个好的开场白用高度凝练的语言把基本的目的和主题告诉听众，能够引起他们继续听下去的欲望。当然，开头不能只用三言两语，草草了事，意不明，言已尽，给下属以茫然之感，使他们不明白讲话的主旨，从而失去对你讲话的兴趣。讲话总是在一定的环境中进行的，讲话的顺利进行有赖于良好的气氛，而不俗的开场白往往会使下属感到你所说的与自己切身利益相关的问题或大家共同关心的问题，这样就能吸引下属的注意力，调动各种积极因素，促促整个讲话走向成功。

有一次，刘主任召集全单位人员开会，当时会场比较嘈杂，听众情绪还未安定。刘主任这样开头了："有个笑话说，张飞和关羽参加一次刘备召开的军机会议，当时大家正交头接耳，刘备无法讲话。张飞说：'哥，看我的。'于是他用在长坂坡喝退曹军的大嗓门吆喝一声。结果大家并没有安静下来。关羽说：'小弟，你那手不行，还是看我的。'于是，他便坐在刘备的位子上，捋须凝目，似有所思。这下子大伙儿觉得奇怪，倒安静下来了。其实，这只是个笑话，刚才大家交头接耳，现在为什么静下来了？这个问题留给大家思考，我今天所要讲的主要内容是……"刘主任开口就是一个生动的故事，立即引起了听众的注意力，整个会场很快安静了下来。

还有一次，刘主任在讲话的时候，发现现场气氛太紧张，为了把气氛搞得活跃些，刘主任这样开口："有个善于演讲的人总结了一条经验，要调动会场情绪，只要注意看两个人：一个是看长得最漂亮的，看着这个人，可以使你讲话更有色彩；第二个是要注视会场上最不安定的那个听众，镇住他，使你讲话更有信心。我想学习这个方法，可咱们这儿长得漂亮的、英俊的有100个，而且没有发现不安定的听众，这可叫我难办了。"这段话讲完了，大家的情绪得到了缓解，全场的气氛不再紧张了。

在这里，刘主任巧借环境，用风趣幽默的开口缓解、调节了现场气氛，使大家的紧张情绪得到缓解，较好地融入其讲话的氛围中。当然，不同的讲话所需要的气氛是不同的。比如，领导者在征求意见的时候，想要下属畅所欲言，需要的是生动、热烈的场面；而研究解决问题的讲话需要的是严肃、庄严的气氛；欢迎贵宾的讲话所需要的是热情洋溢的气氛，等等。在不同的讲话场合，需要领导以不同的开场白营造出与讲话主题相应的气氛，这才能使整个讲话顺利进行。

那么，在实际的讲话过程中，管理者该如何以好的开场白制造良好的气氛呢？

1. 新颖生动的语言

生动才能吸引人，管理者在说开场白时需要使用新颖生动的语言，内容贴近人们的生活，这样才能使听众对你的讲话产生兴趣。老生常谈只会让听众觉得寡然无味，也不会对你接下来的讲话有任何兴趣。

2. 风趣幽默

幽默风趣是一种"快语艺术"，它突破了惯性思维，遵循的是反常原则。管理者在实际讲话中，必须要想得快，说得快，触景即发，涉事成趣，出人意料之外，又在情理之中，使听众在欢笑中轻松地接受你的观点。

语言凝练，字字珠玑

在生活中，你仔细观察就会发现，出色的管理者说话总是能言简意赅，句句说到点子上，一下子击中问题的要害。而有的管理者尽管表达了很多，但是让人听着云里雾里，不断地打擦边球，根本没有涉及核心问题，被人轻视和不重视。事实上，这不是他们的态度上有差异，而是因为他们表达的能力不一样。会表达的人往往能做到语言凝练、字字珠玑、绝不啰唆重复。

古人语："山不在高，有仙则名。水不在深，有龙则灵。"说话也是如此，话不在多，点到为止即可。在现代如此快速的生活节奏下，没有人愿意花费太多的时间来听你的长篇大论。所以，领导在说话的时候，切忌绕圈子，而要把话说到点子上。有话则说，长话短说，无话不说，这样才能更准确地传达你的意思，使工作快速有效地进行下去。

1863年7月1日，美国南北战争中的一场决定性战役，在华盛顿附近的葛底斯堡打响了。经过三天的激战，北方部队大获全胜。战后，宾夕法尼亚等几个州决定合资在葛底斯堡建立国家烈士公墓，把牺牲的全体战士公葬在此。

公墓在1863年11月19日举行落成典礼，美国总统林肯也应邀到会作演讲。这对于林肯来说，有很大的难度，因为这次仪式上的主要演讲者是美国前国务卿埃弗雷特，而林肯只是因为总统的身份，才被邀请在埃弗雷特之后讲几句形式上的话。林肯非常明白埃弗雷特的演讲水平，他被公认为是美国最有演说能力的人，尤其擅长纪念仪式上的演讲。而林肯在他之后讲话，无疑有点"班门弄斧"之嫌，如果讲得不好，更有损自己的总统颜面。

在典礼上，埃弗雷特那长达两个小时的演讲，确实非常精彩。结果轮到林肯总统讲话了，出人意料的是，他的演讲只有十句话，而从他上台到下台不过两分钟的时间，但是掌声却整整持续了十分钟。林肯的演讲不仅仅赢得了当时在场的一万多名听众的热烈响应，而且还在全国引起了轰动。当时有报纸评论说："这篇短小精悍的演说简直就是无价之宝，感情深厚，思想集中，措辞精炼，字字句句都很朴实、优雅，行文毫无瑕疵，完全出乎人们的意料。"就连埃弗雷特本人第二天也写信给林肯："我用了两个小时总算接触到了你所阐明的那个中心思想，而你只用了十分钟就说得明明白白。"林肯这次出色的演讲的手稿被收藏到了国家图书馆，演讲词被铸成金文，存入了牛津大学，作为英语演讲的最高典范。

林肯在这次演讲中靠什么取胜？那就是简洁。他那简短有力的演讲比长达两个小时的精彩演讲更深入人心。很多时候，言简意赅的讲话比那些长篇大论更容易被人们所接受，所谓"浓缩的就是精华"。因为简洁，它所阐明的思想会更有深度；因为简洁，它所表达的意思更加清晰；因为简洁，它所彰显的内容会更有力度。

那么，管理者该如何凝练语言呢？

1.了解你要表达的中心、重心、要点

任何问题都有中心和重点，找到了这个中心和重点之后，说话的时候才能有的放矢，才能知道什么话该说，什么话不该说。所以，迅速找准谈论的中心是言简意赅的前提和基础。否则，眉毛胡子一把抓，只能惹人生厌。

2. 懂得表达，语言表达清晰、稳重、不啰唆

说话时，语言表达的轻重缓急也是很有讲究的，该让对方听清的地方就要缓一些，不重要的信息就可以一句带过。如果张口结舌或连珠炮似地大讲一通，对方就会感到一种急迫感，从而心生不信任。

要想说话不啰唆，其实只需捡重点说就行，其他次要的内容，要么不提，要么一言以蔽之，只有这样才能保证你的发言在最短的时间之内收到最好的效果，否则，即使你滔滔不绝地谈论半天，听者一个个都还是不知你发言的目的。

3. 尽量避免口头禅

现实生活中，几乎不可避免的，每个人都会有自己常用的口头禅。这些自己根本没注意到的习惯，在日常交际中也许并不会对我们造成多少危害，但在与下属交流或者在公共场合说话时，这样的口头禅则会传达给听众一些负面信息。这样的口头禅有很多，比如：

（1）"听说、据说、听人说"

这一口头语会让别人觉得你的言论真实度不够。试想，谁会真正相信那些道听途说的话呢？

（2）"说真的，老实说，的确，不骗你"

如果有此类口头语，会让他人觉得你在讲话时很急躁。

（3）"啊、呀、这个、嗯"

人们常在词汇少，或是思维慢时利用这些词作为间歇，而领导者在说话中，如果常伴有此类口头语，会给人一种反应较迟钝的印象。

（4）"可能是吧、或许是吧、大概是吧"

这些口头语体现的是对自己言谈的极为不确定，也会给听众留下不可信任的印象。

"口头禅"是演说中的大忌。我们应将凝练自己的演讲语言作为培养和锻炼自身的语言组织和表达能力的重要方面，应尽可能地用最清晰、简明的语言传达给听众相关信息。

4.偶尔停顿、适时沉默

任何沟通都是双向的。赢得人心需要一个好口才，但决不可卖弄口才。有些人总希望用出色的口才让听众产生信任感，但却忽略了一点，那就是，人们通常会以为那些巧舌如簧、太能说的人是不值得信任的。因而，即使在演讲中，你也需要偶尔停顿。

总之，管理者若希望自己的语言有震慑力，就要在日常生活中锻炼自己说话能力。世上无难事，只怕有心人。平日里多注意，多锻炼，你说话定可以达到言简意赅、字字珠玑，一出口就能击中要害的效果。

选择正确方法，提升表达技巧

在现实的管理工作中，一些管理者一开口要么笨嘴拙舌，要么啰唆重复，要么词不达意、不得要领。他们总是抱怨上天没有给自己一个好嘴巴。其实，口才的好坏和天赋并没有多大的关系。上天可能在人类容颜的问题上存在一些偏心，但是在口才方面却是绝对公平的。我们知道，写文章讲究"读书破万卷，下笔如有神"，其实讲话和写文章遵循一样的道理，只有积累的东西多了，才能够说出有水平、有见解和有说服力的话。

好的管理口才是建立在深厚的学识基础之上的，如果失去了这个根本性的东西，那么，要想达到舌灿莲花的水平恐怕就是痴人说梦了。准确的表达、幽默机智的应答和缜密的逻辑思维都离不开头脑中广博的知识。换句话说，任何的字字如玑、妙语如珠只不过是表面性的技巧而已，而个人的内涵才是最重要的东西。如果我们只停留在表面技巧的追求上，未免就显得舍本逐末了。

俗话说，十年培养一个富翁，百年的时间才能够培养出来一个贵族。成为一个会说话的高手，并不是轻易之间就能达到的目标，它需要个人经过长期不懈的努力才能够达到。要想在说话中游刃有余，应付自如，就应该从平常的一点一滴开始做起。那么，该怎么样做呢？我们不妨从以下几个方面来入手：

1.注重阅读和学习，丰富自己的知识储备

从很大程度上来讲，口才是满腹经纶、博古通今等词的另一种称谓。

拥有了丰富的知识，在和别人的谈话中就不会因为无知而自卑，谈吐间就会很自然地引经据典，旁征博引，所表达的内容也会十分的高雅。假如胸无点墨，在众人面前，只有闷头静听的份，就会让自己的分量显得很轻，也就无法得到别人的关注。因此，在日常的生活中，要多注意阅读，注重知识的积累，看一些历史、哲学、文学、政治、美学之类的书，提高一下个人的修养，让自己达到"腹有诗书气自华"的境界。当你有了充足的知识储备之后，就会有充分的底气站在别人面前，进行较高层次的谈论了。

2. 关注生活，加强生活积累

缺乏生活积累和阅历的管理者，对社会和现实的了解也会十分肤浅。如果生活在封闭的圈子当中，就会孤陋寡闻，与世界隔绝，也会和周围的人以及环境失去联系。一个没有生活积累的人在和别人说话的时候往往会因为所谈话题与社会现实脱节而让人感到枯燥无味，使人对他也失去了兴趣。

3. 关注时尚前沿，让思维和语言与时俱进

时尚是一个时期内，比较流行的生活方式和文化理念。它以各种物质的形式表现，表达了时下人们的思想认识和价值观念，也体现了绝大部分人的精神需求。时尚，是一种潮流，是正在进行着的社会文化现象。假如一个管理者和时尚脱离，他不了解下属和员工的实际生活，就很可能会因为缺乏共同话题而影响上下级沟通。

4. 关心政治，了解时事

我们处在一个与世界交流越来越频繁的时代里，报刊、电视、互联网传递着世界各地的政治事件和时事新闻。如果连续几天不上网、不看报、不看电视，就容易与时代脱节。当别人谈及六方会谈的时候，你只能在一

边竖起耳朵稀里糊涂地听着；当别人询问你的看法的时候，你却一知半解，那么，你必将会被贴上一个空洞乏味的标签。政治和时事和我们息息相关，如果一个人紧闭房门，两耳不闻窗外事的话，就会显得既缺少知识又没有趣味，会遭到别人下意识的排斥和嘲笑。

流利的表达，缜密的思维，从容的谈吐，其来源是头脑之中日积月累的广博知识。管理者要想提升自己的表达能力，绝不能去追求技巧上的细枝末叶，而是要用知识去武装头脑，提高学识修养。只有从根本上提升了自己，才能够厚积薄发，给自己的谈吐增色。

言辞准确，谨慎表达

在口才训练与提升中，一个重要的部分是遣词造句。管理者想要有更好的语言表达能力，就要做到用词准确、一针见血，而不是在那泛泛而谈却说不出个所以然来。

管理者与下属或者员工沟通，其目的是传达思想、表达观点，如果语言表达不够清楚，很有可能是你在那里讲了大半天，但对方却未必能明白其中的真意。因此，管理者在讲话的时候，一定要言辞准确，针对某个问题，要把其中的利害关系说清楚，把怎么办说清楚，并且使他人听后完全意会，切忌在半空中论过去、议过来，主题散乱且不清晰。

表达是否清晰在很大程度上体现了管理者的口才水平，而且，还能够直接体现管理者的思想理论功底、政策水平、逻辑思维能力。卓越的领导能够清晰地表达自己的思想及观点，他们往往能透过现象看本质，一针见血地指出问题，然后清楚地指出解决问题的办法。

在一次会议上，某市委书记在谈到民生问题时说："这几年我们市改善民生工作富有成效，但对照人民群众的期望还存在不小差距。我听说现在有一句顺口溜，是这样说的：'生不起，剖腹一刀五千几；读不起，选个学校三万起；住不起，一万多元一平米；娶不起，没房没车谁跟你；病不起，药费让人脱层皮；死不起，火化下葬一万几。'这句顺口溜可能不够准确全面，但也说明部分老百姓生活压力很大。只有提高居民收入，才能解决这些问题。"

在这次会上，市委书记的讲话可谓是"句句达意"，他开口并没有讲一些空洞的大道理，而是用群众中流传的"顺口溜"来谈民生问题，把问题说得深刻却不深奥，能够让人一听就能明白群众面临的具体困难，并且知道应该从哪些方面着手处理问题。这在当时给与会者留下了深刻而难忘的印象，后来还被不少媒体撰文来表达对这种讲话方式的肯定。

在日常工作中，领导在与下属的交流过程中，既需要听，也需要表达。如何用语言表达是一门艺术。俗话说："一句话，百样说，看你会说不会说。"说话是一种沟通，而它所要达到的效果，一是能清晰地表达自己的想法；二是能说服对方接受自己的想法；三是即使对方不同意自己的看法，但对自己所说的话也不会有反感。我们常常看到上下级之间因缺乏语言表达技巧，产生了误解和隔阂。上下级之间语言表达不清晰、不顺畅，下属得不到应有的指导，而领导也难以得到好的反馈。领导需要首先提高自己的语言表现准确性，你的表述足够清晰，下属才会真正领悟到其中的真意。当然，有效表达的首要条件是知道什么时候说什么话，表达要清晰、准确地反应你的思想、情感、情绪。

现在的刘明已经是汽车销售经理了。作为公司的领导，在每年的年会上，在提到如何提升销售业绩的时候，刘明都会拿出自己当年做销售员时候的真实案例与大家分享。今年，他讲话的中心是"人际关系在销售过程中的重要性"。

他讲道："很多同事问我，到底怎样才能把车卖出去，到底怎样才能在茫茫人海中找到客户？这里，每个人都有自己的方法，但作为我个人来讲，我发现，提到业绩，我就不得不想起这些朋友，在这里，我由衷地感谢他们。可能你们会问我为什么要这么说，你们还记得吗？当初刚来公司的时候，我的主要工作是推销汽车。那时，你们总是问我为什么总是工资不够花，那是因为：不是今天这个同学结婚送礼，就是明天那个朋友家里需要钱。但正是这些付出，才有今天的成就。正是这些朋友帮了我。有一次，我翻看了一下以前的业绩表，我发现，里面的客户大部分都是我的朋友，而剩下的客户也是我的朋友们介绍而来。可以说，这些年，我的成就都是我这些朋友的功劳。我常常和那些销售新手说，与其在外面辛苦地寻找客户，还不如从身边的人开始挖掘，只要我们经常和这些朋友联系，同学有事主动帮忙，多关心他们，那么，他们一定很乐意为我们的业务提供帮助。"

当刘明说完这些，台下响起了一阵阵热烈的掌声。

这里，已经升为领导的刘明在公司年会上发表讲话，对于如何提高销售业绩这一问题，他并没有长篇大论、阐述销售专业知识，而是告诉下属自己是如何做的，让下属们自己得出结论——重视人际关系，将有助于提升销售业绩。

托尔斯泰说："真正的艺术永远是十分朴素的、明白如话的、几乎可以用手触摸到似的。"有时候，管理者用寥寥数语就能够赢得民心，重要的原因不在于这位领导有多么好的口才、有多么好的语言表达能力，而在于他的语言朴实无华，情深意切，打动人心。为此，需要管理者在表达上做到：

1. 准确运用语言

管理者讲话要注意语言运用的准确性，要做到"两通""一短"。两通，一就是通俗。讲话往往是靠听者的听收接收的，所以，要让听者听清楚、听明白，语言就要恰当、通俗易懂。领导不要自以为是地追求一些华丽的辞藻，说一些生僻怪异、晦涩难懂的词语和术语。领导在讲话的时候，引用古语典故也要准确，要注意听众和语言环境，使人能够理解。二是通顺，管理者讲话时要注意语言表达清楚，不要模棱两可，最好说起来朗朗上口，听起来也要悦耳动听，千万不要用那些拗口、听起来别扭的语言。"一短"就是句子要短，领导在讲话中尽可能用短句子，有的句子太长了，就会让人听不清，容易让人产生误解。

2. 切合语境

管理者讲话的时候，一定要切合语境，就是指你要根据你说话的客观现场环境，包括时间、地点、目的以及讲话的内容等来发表你的讲话，这样才能更准确地表达自己的想法。有的管理者不管语境，而是自顾自地说话，结果他在台上面说了大半天，台下面的听众还是不知道他所表达的意思到底是什么。

管理者讲话的内容一定要与你讲话的时间、地点与场合相对应，否则就有可能让听者摸不着头脑。管理者要明白，你在公共场合说的话，与你私底下和下属讲话是不一样的，如果你把在公共场合做的谈话放到你与下属之间，你的下属不是很明确你到底要表达的什么意思，这样就会干扰他很好地完成任务。

第 03 章

言语激励，管理者激励下属的口才艺术

　　有人曾说："激励对温暖人类的灵魂而言，就像阳光一样，没有它，我们就无法成长开花。但是我们大多数的人，只是敏感躲避别人的冷言冷语，而我们自己吝于把激励的温暖阳光给予别人。"每个人都渴望来自他人的赞扬，下属也不例外。一个高明的管理者会懂得去发现下属的闪光点，并给予赞扬，激发下属自我超越的欲望。

给予下属适当的肯定，激发下属动力

现实生活中，人们都渴望被信任、赞赏、肯定，在这样的环境中，人们的内心也更容易受到启发，行为也会趋向这些正面、积极的方面。有人说："能力会在批评中萎缩，而在赞扬、鼓励等正面激励中发芽、生长、茁壮。"事实就是如此。人与人之间的影响力，就是靠着这样的法则不断推进的。所以，工作中，如果管理者懂得肯定、激励员工，那么，会更易于让员工产生积极的工作情绪和状态，也有利于让员工服从管理。例如，如果你希望员工更乐于合作，那么，工作中，你就不要批评、斥责他，而要多鼓励他。身为经理的吴女士，就是一个善于通过正面激励方法有效影响他人的人。以下是她的助手对她的评价。

"吴经理真是个很好的人，我是她的助手，已经在她的手下工作了两年，这期间，虽然我成长了很多，也有一定的工作成绩，但日常工作中难免会出现错误或者不足的地方。但每次我做错事或者工作中出现了失误，吴经理从来不像其他领导那样骂下属，也从不当面批评我，或者直接斥责我工作上的失误。如果我工作上完不成工作任务，她就会鼓励我：'我知道，这件事你已经尽力了，不用灰心，我相信明天你会完成的。'每次听到吴经理的鼓励，我都信心倍增，即使再累，我也会完成工作任务。如果我在一次谈判中有突出表现，她会主动地向我竖起大拇指，表扬我这次做得好。在这样的领导的带领下工作，我充满了干劲。"

从这里，我们从一个下属口中听到了她对一个领导的正面评价，可以说，案例中的吴经理是个成功的领导。她正是巧妙地利用了这种赞美式的正面激励法，才充分调动了助手的积极性，进而有效地影响对方为自己服务。

日常工作中，尽管很多管理者也能认识到正面激励产生的积极力量，但却很少有人能真正将其运用到管理工作中，更少有人懂得如何肯定和激励员工。

安德鲁·卡耐基说："凡事自己单干，或独揽全部功劳的人，是当不了杰出领导人的。"安德鲁·卡耐基的话进一步向人们发出这样的警示——如果你不会激励对方，你便不能领导对方；当你不能领导对方的时候，那么你便不能有效地影响对方，又何谈让他人为自己服务呢？

保罗·莫任担任了多年的职业管理者，但在这之前，他也曾一度认为下属将事情做得出色是其应该完成的工作。他这样解释说："过去，我常常忽视了对下属的成绩给予肯定，因为我个人对于这方面从来没重视过，所以，我就往往忘记了对别人的成就给予表扬。相反，我认为他们所取得的成就只不过是他们规定工作中的一部分，而规定的工作是不需要特别认可的。"

后来，莫任到了太平洋贝尔公司工作，他对于给予下属认可并及时对成功给予表扬的重要性有了新的认识。他发现，事实上，这对于下属来说是很重要的。因此，他决定改变自己的领导习惯。为了提醒自己公开认可的重要性，他特别编制了一张认可他人的优先性列表，每当自己的团队取得一个关键的成就的时候，他都会亲自走到项目组的每个人面前，和对方握手。偶尔，他还会挑选出几个重要的团队成员，带他们出去吃饭，会亲自打电话给每一个团队成员，感谢他们在项目中付出的努力。另外，他还常邀请大家共同参加一个小型的办公室聚会，一起享用蛋糕和咖啡。

在进行了如此多肯定下属业绩、激励下属的措施之后，在短暂时间里，莫任就看到生产率上升了，缺勤率降低了，互相合作的工作氛围带来了更好的沟通，这样一来，下属之间的冲突减少了，同事之间正在形成更紧密的人际纽带。与此同时，与他一起工作的人员有了更大的主动性，他自己的工作也变得简单起来。

当然，快速说出下属的业绩是对下属给予的一种赞誉和褒扬，这也是一种相处艺术。管理者快速说出下属的业绩是对下属的一种尊重，这样有利于下属扬长避短，也能有效地调动下属工作的积极性和创造性。

肯定是一门艺术，领导者适时、适度地肯定下属的行为是对下属的一种尊重，既利于下属扬长避短，也能有效地调动下属工作的积极性和创造性。当然，无原则地赞扬也是不可取的。那么，领导者如何肯定下属呢？具体要做到以下几点。

1. 肯定要实在

对下属的肯定要是实在的，任何虚无的东西都是无意义的。对此，你需要深入了解员工的工作和生活，并及时了解他们的思想动态，才能言之有物。

2. 肯定要有度

管理者对下属的肯定要适度，不可过高也不可过低。赞誉过高，极易让下属产生骄傲的心态，产生飘飘然的感觉，这是不利于他们看到自身缺点和需改进之处的；还有可能让下属觉得你是个爱说大话、空话的上司，从而对你产生不信任感。反之，如果对下属的肯定不足，则会直接挫伤下属的工作积极性。因此，肯定下属必须把握好度。

3.肯定中要讲不足

金无足赤，人无完人。下属在工作中难免会出现一些失误或不足。因此，管理者在对下属进行肯定的同时，还应指出其失误和不足。否则，即使下属还存在需要改进的地方，他也会因为缺少自我意识而失去改进的机会。

4.肯定要符合氛围

当管理者在检查下属的工作时，所肯定的语言应根据下属所取得的成绩的大小以及对下属的了解程度的不同而定。若你的下属表现出了高尚的品质，你要给予充分的肯定；当管理者与下属进行短时间的接触时，则应简明扼要地对其突出表现或突出成绩给予肯定。

总之，管理者如果想有效地影响员工，必须学会激励，用正面肯定的方法，将尘封在员工心底里的积极性、主动性充分地调动出来。而肯定应当适时、适地、适度，应根据当时的时间、地点及所处的环境有选择地使用，决不可说东道西，胡乱肯定一通。

巧用激将法，令下属全力以赴

人们常常说："请将不如激将。"人们都有不服输的心理，越是被否定，越是要证明自己；越是受压迫，越是要反抗。管理者在工作中，也可以利用激将法帮助我们达成工作目的。比如，如果你希望你的下属接受一件任务，那么，你可以告诉他，此项工作的难度很大，没有一定的工作能力和时间，是无法完成的。他可能心里已经在想：是不是太小看我了，我偏偏要试试，把时间控制在10个月内！结果，他真的10个月不到，就大功告成了。

激将法是一种很有效的心理技巧，它往往能够使对方感情冲动，从而去做一件他平常不会做的事。这一计谋通常在那些争强好胜的人身上更起作用。可以说，周瑜与黄盖都被诸葛亮这一计谋"利用"了。另外，如果你熟悉《西游记》，你也可能知道，孙悟空也经常采用激将法来刺激猪八戒去做一些他不愿意做的事。

有时，管理者如果直接对下属下达一个有难度的工作任务，那么，他可能不愿意涉险，即使接受任务，也不一定会全力以赴。不过，人们还有一种心理——如果我战胜困难，那么，我该多有面子。几乎每个人都有挑战自身潜力的渴望。对成功怀有强烈渴望的人尤其如此。他们渴望挑战困难，以此来超越自己，证明自己。对于这样的人，你越是表明某事难干，他越有可能去干。

星星监狱曾被称为西方最恐怖的一座监狱，多少管理人员因为无法胜任自己的工作而离职。很明显，这座监狱是缺少管理人员的，纽约州州长艾尔·史密斯很是头疼，到底该找谁呢？最后，他派人把新汉普顿的刘易士·路易斯请来。

刘易士在知晓州长把自己叫来的目的后，很是为难，因为他知道这份工作的难度。典狱长来了又走——其中一位甚至只干了三个星期。他必须考虑他的前途。这是否值得冒险？

史密斯州长自然能看清楚刘易士的想法，于是，他决定以激将法让他答应。他说，"年轻人，我不责备你吓成这样子。这不是个容易应付的地方，它需要一个大人物到那边去坐镇。"

刘易士一听，州长这不是看得起自己吗？于是，他答应了去星星监狱，并且一直待了下去。他一直没离开，成了当代最著名的典狱长。

他的著作《星星监狱两万年》，卖了数十万册，他的事迹曾在电台里广播，他的监狱生活的故事也被改编成十几部电影。而他对罪犯的"人性化"措施，为监狱改革带来了奇迹式的改变。

刘易士为什么这么爽快地就接受这份艰巨的任务？就是因为史密斯的那句话——"我不责备你吓成这样子。这不是个容易应付的地方，它需要一个大人物到那边去坐镇。"这句话点明了这项任务的艰巨性，也激发了刘易士的挑战欲。下面的事例也表明了激将法的效用。

曾经，在美国，有一位富豪叫约翰，他想为公司建立一座办公大楼，但这可不是一笔小钱，他还需要贷工程款500万美元。然而，他在纽约市辗转了很多家银行，都没有人肯贷款给他。此时，大楼的建设工作已经动工了，很多工程人员也已经到位，如果拿不到贷款，他将会有很大的麻烦。

这天，他和一位纽约市金融机构的主管在一起吃饭。

他拿出经常带在身边的一张蓝图。正准备将蓝图摊在餐桌上时，那位主管对他说："在这儿我们不便谈，明天到我的办公室来。"

第二天，当他断定这家公司很有希望给他抵押贷款时，说："好极了，唯一的问题是今天我就需要得到贷款。"

"你一定在开玩笑，我们从来没有在一天之内给贷款的承诺。"主管回答。

他把椅子拉近主管，说："你是这个部门的主管，也许你应该试试看你有无足够的权力，能把这件事在一天之内办妥。"

主管微笑着说："你这是让我为难，不过，还是让我试试看吧。"

结果非常理想，这位富豪成功地达到了自己的目的。

约翰的话明显是对那位主管能力和权威的一种挑战。尽管这位主管不一定真的有那么大的权力，但为了证明自己能完成这一有难度的任务，他自然会答应。以激将法说服别人，务必找到并击中对方的要害，迫使他就范。就这件事来说，要害是那位主管对他自己权力的威严感。

不过，对下属巧言激将，一定要根据不同的交谈对象，采用不同的方式，才能收到满意的效果。犹如治病，对症下药，才有疗效。因此，总的来说，在运用这一心理策略的时候，要注意以下几个方面：

1. 了解下属的弱点

逆反心理能否起到应有的作用，就要看我们是否了解对方的弱点。"请将不如激将"，前提是要了解"将"的"致命伤"。比如对待那些爱表现的下属，我们不妨从反面说："我知道您也是能力有限……"这样一激，对方肯定会答应你的请求。

2.因人而用

我们在运用这一心理策略的时候，要先了解对方，因人而用。要对对方的心理承受能力有所了解，如果激而无效，那么也是白费力气。

3.掌握火候，语言不能"过"

如果说话平淡，就不能产生激励效果；如果言语过于尖刻，就会让对方觉得你瞧不起他。语言不能过急，也不能过缓。过急，欲速则不达；过缓，下属无动于衷，无法刺激下属的自尊心，也就达不到目的。

激励倍增，赞美是鼓励的最佳方式

人类最美丽的语言叫赞美，人类最动听的声音也叫赞美。美国著名心理学家威廉·詹姆斯曾说过："人类本性上最深的企图之一是期望被赞美、钦佩、尊重。"可以说，希望得到尊重和赞美，是人们内心深处的一种渴望。人人都爱听赞美的话，因为赞美能激起人们心灵最深处的自豪感和成就感，从而使其产生美好的心境。而同时，赞美也是人类最高收益的投资，当对方接受了我们赞美之言的时候，也就接受了我们这个人，自然也就拉近了彼此之间的距离。

因此，企业的管理者也要深谙赞美之功用，尤其是对自己的员工。当员工感受到你的激励之后，自然信心倍增，就会将最大的热情投入到工作之中。

很多年前，吴捷还是个公关部的职员，但现在，她已经是该部门的经理了。到现在，她还清楚地记得很多年前老板鼓励她的那一段话。

那天下午五点多，公关部的很多同事都已经下班了，吴捷也在收拾东西准备离开公司。此时，老板走过来对她说："对于你的能力，我是非常佩服；我真希望公关部的人都能克隆你，这样工作就轻松多了。对了，为了提高语言表达方面的能力，我想参加演讲会培训。你愿意和我一起参加么？这对我们都有好处。"当吴捷听完老板的话之后，心里美滋滋的，自打那次之后，吴捷更加努力地工作了。

这里，我们看到了一个领导的一句不经意的赞美对一个员工的激励作用。领导者对下属的赞美，是对下属工作态度和能力的一种肯定，同时，也为他们接下来的工作带来信心。

当然，领导者赞美下属和员工，与一般的赞美自然有不同之处。循规蹈矩、墨守成规的赞美只会让对方感到毫无新意可言，起不到真正赞美的作用。

那么，企业领导该如何掌握赞美下属和员工之道呢？

1. 请求他们的帮助

管理者向下属求助，是一种极为有效的让下属认识到自身价值和能力的方式。这是因为，一般情况下，领导者的形象都是高大的，其能力也是在下属之上的，而你一反常态，表示你存在某些弱点和必需的技能。从员工处寻求帮助，不仅说明了尊重他们的专业技能，也表现出了领导者的绝对信任。

在这里，应该让请求与工作职责基本或者完全没有关系，并将其当作个人对个人的帮助。

张明是某大型企业的车间主任。最近，公司决定进行裁员，于是，公司高层决定举行一个关于内部裁员的会议。会上，张明提出了取代裁员的其他选择，但并没有获得大多数高层成员的支持。在回到工厂的时间，即将进行裁员的消息已经是人尽皆知了。就在全厂会议之前，一位员工问他："这么说，要裁员了，不是吗？"

张明并没有证实这一点，他也明白。他说道："我不知道该怎么告诉大家。你觉得应该怎么说？"

他想了想，然后说道："只要告诉大家你尽力了。然后谈谈我们离开后应该去哪里，就可以了。"

实际情况真的就是这么简单！

2. 询问他们的观点

同样，在使用这一方法时，你需要确保的是，你询问的内容与员工的工作职责无关。比如，最好不要直接向员工征询如何提高工作效率这一典型的问题。

你可以这样赞扬一位具备相当能力的下属："对于你的组织能力，我是非常佩服……"接下来，你可以询问他对于如何招聘更高水平的人才、招聘文书的撰写与简化调整以及其他部门数据收集处理工作的合理有效性等问题是否有自己的观点。这样做，你不仅可以获得有效的、出色的创意，还会意识到存在更有效的方式来发掘员工潜在的技能和能力。

3. 授予他们非正式领导权

对于管理者来说，这样做会带来很大的好处。我们不妨想象一下，如果你是下属，你的上级殷切地告诉你："现在工作实现是太忙了……我们在客户方面出现了一个大问题。如果不解决掉，就会导致客户流失。你能不能找几个人，帮我进行处理？"这将会给你带来多大的动力啊！

对于管理者来说，授予员工非正式领导权意味着对技能和判断力的信任。更重要的任务、更高的隐含赞誉会更大地提高他们的自尊。

4. 双方合作开展工作

另一种有效的挖掘员工的价值的方法就是与他们一起完成工作。

总之，对于管理者来说，口头表扬员工的激励效果会非常大，但含蓄赞美的效果则会更好。寻求帮助和建议、将员工放在领导岗位上、忽视职位等级差别共同协作……所有这一切都属于发掘员工真正价值的出色途径。

妙用"比较"，让下属敢于知难而上

挪威人喜欢吃沙丁鱼，尤其是活鱼。市场上活鱼的价格要比死鱼高许多。所以渔民总是千方百计地想办法让沙丁鱼活着回到渔港。可是虽然经过种种努力，绝大部分沙丁鱼还是在中途因窒息而死亡。但却有一条渔船总能让大部分沙丁鱼活着回到渔港。船长严格保守着秘密。直到船长去世，谜底才揭开。原来是船长在装满沙丁鱼的鱼槽里放进了一条鲶鱼。鲶鱼进入鱼槽后，由于环境陌生，便四处游动。沙丁鱼见了鲶鱼十分紧张，左冲右突，四处躲避，加速游动。这样沙丁鱼缺氧的问题就迎刃而解了，沙丁鱼也就不会死了。这样一来，一条条沙丁鱼活蹦乱跳地回到了渔港。

这就是心理学上著名的"鲶鱼效应"。管理者应该能从这一效应中领悟出一条管理经验，管理者在与下属打交道尤其是沟通中，要妙用"比较"刺激员工活跃起来。其实，这就是一种负激励，是激活员工队伍之奥秘。

的确，每个人都是有好胜心的，尤其是在面对与他人"比较"的时候。人们骨子里，总是想自己是优秀的，或者说，在某些方面自己是强于他人的，这样的一种比较心理，激起了他们内心的好胜心，往往能使他们知难而上。于是，当有人向他们妙用"比较"心理的时候，对于原本不可能完成的事情，或者异常艰巨的任务，他们都能够以自己的好胜心来完成。由于人们存在着这样的心理，领导在向下属部署工作任务的时候，需要妙用"比较"，激发出下属的潜在力量，让他们敢于知难而上。当然，使用"比较"心理的前提条件是要摸准下属的心理，你必须知道他能爆发出多大的力量，适当增大其工作难度，这样，才有可能达到自己的目的，否则，超过其承受能力，下属肯定是无法完成工作的。

有一家空调制造厂，因为员工一直完不成定额，主管非常着急，他已经用尽了所有的办法，说了好话，又是鼓励又是许愿，甚至还采用了"完不成定额，就走人"的威胁手段，可是还是没有一丝的效果。他只好向总经理作了如实的汇报。

总经理在主管的陪同下走进了工厂。当时，日班马上就要结束了，总经理问一位工人："请问，你们这一班在今天制造了几部空调？""5部。"那位工人回答。总经理没有再说话，只是拿了一支粉笔在地板上写下一个大大的数字"5"，然后转身离开了车间。夜班工人接班的时候，看到了那个"5"字，便问是什么意思，那位准备交班的日班工人详细地作了解释。夜班工人看着那个"5"字，越看越觉得刺眼。

第二天早上，总经理再次来到工厂，他看到夜班工人已经把那个"5"字擦掉，重新写上了一个大大的"6"字。而日班工人接班的时候当然看到了很大的"6"字，他们毫不示弱，抓紧时间干活。当天晚上下班的时候，他们在地板上留下了具有示威性的特大数字"9"。渐渐地，工厂的产量有了大幅度的提高。

如果管理者希望能够圆满地完成工作，那么就要使员工之间形成良性的竞争。有了竞争，才会激发超越自我的欲望，才有可能超额完成任务。对于每个人来说，最大的竞争对手不是他人，而是自己。他人的存在不过是为了激发自己内在的潜能。所以，管理者在工作中也要善于激发员工争强好胜的心理，使他们能够有勇气战胜自己。

只有竞争才能激发出内心自我超越的欲望，才能使人爆发出前所未有的潜力，更好地完成任务。虽然，在很多时候，人们总是习惯与他人比较，但是，他们更愿意与自己做比较，因为超越了自己才能让他们获得一种极大的满足感。管理者应该善于发现下属的这一心理特点，妙用"比较"，通过一些灵活的方法，激发出下属自我超越的欲望，让下属敢于知难而上，从而使工作效率得到大幅度提高。

吴先生是一家大型企业的总裁，他善于激发员工的好胜心而创造了一个又一个的奇迹。一次，吴先生新研发了一个新产品，他需要一位卓越的推销人才去为新研发的产品打通市场。这是一件异常艰巨的任务，但吴先生经过几番斟酌，选定了公司里一位颇具能力的新来员工。

"带着新产品去打通市场，怎么样？"吴先生轻松地问这位新员工，"我现在急需要一个有能力的人去做销售顾问。"

那位新员工大吃一惊，他当然知道这件任务的艰巨性。他不得不考虑自己的能力，考虑这是否在自己的能力范围之内。

吴先生见他犹豫不决，便微笑着道："害怕了？年轻人，我不会怪你，这本来就是一件艰巨的任务，它更需要一个有能力的人来负责！"

这句话激起了那位新员工的好胜心，他最终接受了挑战，并引领着新产品开始了漫漫的销售之路。

好胜心是每个人的天性。只要管理者妙用"比较"，善于激励，下属就一定会以最大的热情去做好这些工作。一位成功的管理者应该善于激发下属自我超越的欲望，因为这确实是使下属振奋精神，接受工作上的挑战的最为可行的办法。

那么，管理者该如何在管理工作中妙用"比较"呢？

在很多时候，管理者为了激发下属的好胜心，可以制造出"比较"

中的第三方。其实，这个第三方就是他自己，但管理者在之前并未清楚地指出这就是他自己。比如，管理者可以说"这件事我想交给一个有能力的人去做"，但事实上，管理者并没明确指出这样有能力的人到底是谁。这时候，下属会猜想"难道我就不是一个有能力的人吗"，然后当管理者将"有能力"这样的评价用到下属身上的时候，比较心理就产生了。下属会想到，原来自己并不是一无是处，自己在管理者眼中也是一个有能力的人。于是，面对难以完成的工作任务，他也肯定会知难而上。

总之，任何一个管理者，都应该做到强化员工的忧患意识，对于企业的规章制度和奖惩制度处理要完善和人性化以外，还应切实地加强"竞争力"和"执行力"意识的强化，打破以往的惯性管理，做到"以人为本"，调动员工的积极性和竞争意识！

激励下属，让下属努力向上

现实工作中，很多管理者需要给下属定目标，而一般来说，他们的做法是告诉下属："你必须要达到……"而实际上，一味地命令下属，并不能激发下属的积极性。聪明的管理者懂得采用侧面激励的方法，比如运用语言暗示法，让下属努力向上。当下属得到这种潜在的激励后，自然会使出浑身解数，完成目标。

杨静是一名销售主管，在她的带领下，部门的销售业绩在所有分公司一直是最好的，因为她在下属的心里不仅仅是主管，更是大家的老大姐。

在杨静的办公桌的抽屉里，放了一本小册子，里面记载了所有下属的资料，包括出生年月、家庭状况，性格等方面。每个月一开始，她就会翻开小册子，看看这个月有哪些下属要过生日，到了那天，她都会精心为对方挑选一份礼物。单就这一点，大家都很感动。

最近，公司来了一位新员工，一个二十出头的小伙子，因为学历低，他似乎总是不愿意与其他同事打交道，总是一个人坐在自己的位子上。这天下班后，大家都已经走了，杨静看他还在办公室，就走过去。对他说了一番语重心长的话。

杨静："小刘，来公司有一段时间了吧。其实我们这个部门的同事，都很好相处，大家都来自四面八方，没什么背景。为了生活，我们聚集在这里，希望能闯出成就。"

杨静看小刘没什么反应，好像没听明白，继续说："这样，我给你讲个故事吧。有一个博士分配到一家研究所，成为学历最高的一个人。有一天他到单位后面的小池塘去钓鱼，正好正、副所长在他的一左一右，也在钓鱼。他只是微微点了点头，心里暗想：这两个本科生，有啥好聊的呢？不一会儿，正所长放下钓竿，伸伸懒腰，噌噌噌从水面上如飞地走到对面上厕所。博士眼睛瞪得都快掉下来了。水上漂？不会吧？这可是一个池塘啊。正所长上完厕所回来的时候，同样也是噌噌噌地从水上漂回来了。

"怎么回事？博士生又不好去问，自己是博士生哪！

"过一阵，副所长也站起来，走几步，噌噌噌地漂过水面上厕所。这下子博士更是差点昏倒：不会吧，到了一个江湖高手集中的地方？博士生也内急了。这个池塘两边有围墙，要到对面厕所非得绕十分钟的路，而回单位上又太远，怎么办？博士生也不愿意去问两位所长，憋了半天后，也起身往水里跨：我就不信本科生能过的水面，我博士生不能过。只听'咚'的一声，博士生栽到了水里。

"两位所长将他拉了出来，问他为什么要下水，他问：'为什么你们可以走过去呢？'两所长相视一笑：'这池塘里有两排木桩子，由于这两天下雨涨水正好在水面下。我们都知道这木桩的位置，所以可以踩着桩子过去。你怎么不问一声呢？'

"我讲这个故事，是想说，学历代表过去，只有学习力才能代表将来。尊重有经验的人，才能少走弯路。一个好的团队，也应该是学习型的团队。"

小刘听完后，很认真地点了点头。从那以后，他工作积极多了，很快也融入了公司的销售团队。

故事中的杨静就是个富有人情味的领导。她不仅对自己的下属关心有加，也很重视对下属的激励。尤其是面对新来的、学历低的下属，她没有命令其努力工作，而是先从讲故事开始，让下属认识到学历与工作经验的关系，进而让下属产生了工作动力。

被人认可是每个人的心理需求。也许你认为，下属就应该无条件地接受领导的命令和指挥。诚然，也许对方会接受，但未必会全力以赴地去执行，这是因为他们潜在的能力没有被激发出来。相反，如果你能激励下属，那么，他一定心生感激，并愿意始终追随你。

有"经营之神"美誉的松下幸之助曾首创了电话管理术，经常给下属，包括新招的员工打电话。每次他也没有什么特别的事，只是问一下员工的近况如何。当下属回答说还算顺利时，松下又会说：很好，希望你好好加油。这使接到电话的下属每每感到总裁对自己的信任和看重，精神为之一振。许多人在这一暗示作用下，勤奋工作，逐步成长为独当一面的高才。

事实早已经证明，凡是能取得下属信任的领导者，都有一套能让下属从内心自然接受的管理手段。这套管理手段就以激励代替命令，这样，即使他们工作虽有压力，但更有动力、更有希望。虽有劳累，但不觉得心累，更充满工作的快乐感、幸福感和愉悦感。

为此，我们要懂得在"尊重"和"激励"上下功夫，其中语言暗示法就是个很好的方法。当然，除此之外，领导者还需要在讲话中注意：

1. 表达你对下属的期望

有时候，你无意中的一句："我知道你不会让我失望的……"会让员工找到自身奋斗的目标，看到自己劳动的价值所在。

2. 不忘激励、肯定犯错误的下属

当下属在工作中出现失误时，激励有时候比批评更为重要。美国石油大王洛克菲勒的助手贝特福特，因为经营上的失误，导致公司在南美的投资损失了40%。贝特福特正准备接受批评，没想到洛克菲勒却拍着他的肩说："全靠你处置有方，替我们保全了这么多的投资，能干得这么出色，已出乎我们意料了。"这位因失败而受到赞扬的助手后来为公司屡创佳绩，成为了公司的中坚人物。

总之，身为领导者，无论下属做对或做错，都不能视而不见。因为你的成功时刻需要他们的支持和配合。

第04章

下达指令，管理者为下属布置工作时的口才艺术

工作中，我们都有这样的感慨，如果我们无法明白地了解到工作的准则和目标，那么，我们必然无法对自己的工作产生信心，也无法全神贯注。管理者在为员工下达指令时，一定要为员工设定一个明确的工作目标，并向他们提出工作挑战，因为这会使员工创造出更高的绩效。相反，如果给出的指令模糊不清，员工会对自己的职责不清，没有明确的工作目标，这必将大大降低目标对员工的激励力量。

内容明确，下属才有具体行动方向

现代企业和组织中，任何一个管理者，在工作中都免不了要下达指令。指令是领导透过各种方式，如强制、征询、请托等，将工作计划中的各种任务交给部属分头执行以达成组织目标的一种管理方式。命令是一种使计划能付诸行动的必要方式，而且是每一位领导责无旁贷的义务。然而，管理者只有对每一个人提出清楚明确的行动要求，才不至于有拖延怠惰或是诿过的情况，执行效率才可以提升。

三个月前，凌霄通过层层选拔，进入现在这家公司。但三个月过去了，他依然很不适应。一次，在和同事闲谈中，他抱怨一份报告写了三次了，领导还是说不合格。他说："刚进公司，要学的事已经够多了，时间都不够用，偏偏报告要一遍遍地改。每一次讲的都不一样，都不知道要怎么写才好。"

"老板是怎么说的？"同事问。

凌霄说，第一次老板告诉他，"把每天的业务电话记下来。"所以他就记下所有的电话和内容，结果老板说，"不需要这么详细，浪费时间，只要记下有成交结果的电话就好了。"所以他就记录下成交的结果，后来老板又说，"这样太简单了，你不能只写结果，还是要把互动的内容记录下来。"

案例中的老板和员工可以说是在彼此乱弹琴，一个说不清楚，一个听不清楚，不仅浪费了时间，或许还会引发更多的负面效应。由此可见，明确的行动要求，在职场领导中是非常重要的一个技巧。

试想，这位老板只要在一开始就明确告诉员工，他的报告内容必须包括哪些部分，甚至举个例子给他看，这样员工不就一目了然了吗？也不会让员工因为一份报告来来回回修改好几次，还产生挫折感。

现实生活中，总是有一些管理者下达指令时喜欢和下属玩"捉迷藏"，话说得糊里糊涂、不明不白。做下属的也不敢多问，便只好去猜领导的真实意图。猜错了不但白白浪费时间，还会制造许多误解，有时甚至耽误公司重要的流程。而最终的结果就是，做领导的认为下属办事不力、工作效率低，而做下属的，心里委屈，也只是敢怒而不敢言。

比如一位上司把下属叫过来说："上周我们的业绩不佳，我们应该有所改进。"下属说："我们也在想办法改进，但不知道公司的看法是什么，公司的目的究竟是什么。"上司回答："公司的目的，就是希望你们干得更好些，多卖些货出去。"

很显然，这个上司发布的指示，对于下属而言是无效的，因为它太含蓄、太笼统了。从上司的话中，下属既无法了解到上司对于工作的具体改进要求，也没有获得改进工作的具体目标。由于上司的表达含糊，这次沟通变得完全没有意义，下属只能仍然按照自己的想法去工作。

还有一些管理者喜欢下模糊性的命令，比如，他们常说"你报告做完就拿来。"这样模糊不清的话，很容易在将来引发争端。最好是在和对方讨论出最合适的时间和进度之后，再做一次要求："你利用一个礼拜的时间，完成第一个阶段的报告，下礼拜同样的时间，我们再开一次会，讨论你的报告内容。这样的安排你觉得可以吗？"清清楚楚指出时间限制，目标十分明显，这样可避免许多沟通上自我诠释性的误差。

面对没有具体内容的指令，部下会无所适从，要么不去做，要么靠自己的想象来做，结果必然导致行动出现偏差。那么，具体来说，管理者该如何向下属下达指令呢？

1.指令要完整

完整的发出命令要有6W2H（6W：何事WHAT、何故WHY、何人WHO、何时开始和结束WHEN、何地WHERE、为谁FOR WHOM；2H：如何HOW、成本HOW MUCH）方面的具体内容，这样下属才能明确地知道自己的工作目标是什么。

下面是不同的发出指令举例，你认为哪一种最好呢？

（1）小李，你到我办公室来一下。最近我们的产品质量不太好，你一定要在近期把品质提上去，你回去吧！

（2）小李，你到我办公室来一下。最近我们的产品质量不太好，质监合格率从99%下降到了95%。近期，你的主要任务就是抓质量，你一定要在近期把抽检合格率提上去，你回去吧！

（3）小李，你到我办公室来一下。最近我们的产品质量不太好，质监合格率从99%下降到了95%。你一定要在近期把抽检合格率重新提高到99%，你回去吧！

（4）小李，你到我办公室来一下。最近我们的产品质量不太好，抽检合格率从99%下降到了95%。你一定要从今天开始，在2周的时间内把品质抽检合格率重新提高到99%。要保证产品的质量，这样，才能让我们部门乃至整个公司的效益提升上去，你回去吧！

（5）小李，你到我办公室来一下。最近我们的产品质量不太好，抽检合格率从99%下降到了95%。你一定要从今天开始，在2周的时间内把品质抽检合格率重新提高到99%。要保证产品的质量，这样，才能让我们部门乃至整个公司的效益提升上去。你知道问题出在哪个环节了吗？我从质监那儿得知，主要原因是你的生产线新来的那2名外观检查员工有大量的误判，造成不良品流入。从今天起，你要把工作重心投入到对这2名新手的培训上，讲解外观常见问题、标准及判别方法，直到他们不再出现这样的失误。同时在生产过程中加强对他们的巡查，随时指导（改善此问题只需要投入人力，不需要投入其他资源），以提高他们的外观检出能力。我相信你能做好这件事情，你回去吧！

2. 指令要明确

每个人都有一定的讲话偏好，有的人含蓄委婉，有的人啰啰唆唆；有的人直截了当，有的人遮遮掩掩。但管理者下达指令一定要明确，否则，就会造成下属理解上有障碍。

在沟通中，由于个人偏好而造成的沟通障碍有很多。官场上的口头禅"原则上……""我基本上同意……""还需要研究研究……"等之所以被人厌恶，就在于它们根本无法传达准确信息，不能实现对话者想要达到的目的。

可见，讲话是一门艺术，向下属下达指令更需要管理者具备良好的口才。只有明确、完整的指令才具备良好的指导作用！

表达信任，令下属信心倍增

我们都知道，任何一个企业管理者，即使他的工作能力再强，也不可能完成所有的任务，所以必然要善于利用团队的力量。高明的领导应当从内心深处信任员工，给下属一个充分发挥的空间，鼓励下属按自己认为对的方式去做。一个缺乏信任的组织，其成员间必然心存芥蒂，团队的积极性就会被磨损，耗费的成本就会更多。人性化管理要求管理者不仅要尊重、善待员工，更要运用耐心与心理技巧。高明的领导者懂得在下达指令时表达出自己对下属的信任，以此让下属信心倍增。要说明这个道理，我们不妨先来看下面的故事：

有这样一个领导，他掌管公司几百号员工，但总是能游刃有余，工作、生活两不误。每当别的企业管理者忙得焦头烂额的时候，他却在和家人喝下午茶。因为他懂得放权，把工作都交给下属。

一次，他的一位朋友问他："你把工作都交给下属，放心吗？"

他这样回答："这样，我先给你讲个故事吧。一个人去买鹦鹉，看到一只鹦鹉前标：此鹦鹉会两门语言，售价二百元。另一只鹦鹉前则标道：此鹦鹉会四门语言，售价四百元。该买哪只呢？两只都毛色光鲜，非常灵活可爱。这人转啊转，拿不定主意。

结果突然发现一只老掉了牙的鹦鹉，毛色暗淡散乱，标价八百元。这人赶紧将老板叫来，问道：'这只鹦鹉是不是会说八门语言？'店主说：'不。'这人奇怪了：'那为什么又老又丑，又没有能力，会值这个价呢？'店主回答：'因为另外两只鹦鹉叫这只鹦鹉老板。'"

这位领导所说的故事的含义是，真正的领导人，不一定自己能力有多强，只要懂信任，懂放权，懂珍惜，就能团结比自己更强的力量，从而提升自己的身价。相反许多能力非常强的人却因为过于完美主义，事必躬亲，感觉什么人都不如自己，最后只能做最好的公关人员、销售代表，却成不了优秀的领导人。

所以，沃伦·本尼斯认为："产生信任是领导者的重要特质，领导者必须正确地传达他们所关心的事物，他们必须被认为是值得信任的人。"同样，美国通用电气公司的首席执行官韦尔奇的经营最高原则是，"管理得少"就是"管理得好"。这是管理的辩证法，也是管理的一种最理想境界，更是一种依托企业谋略、企业文化而建立的经营管理平台。信任是凝聚组织共同价值观与共同愿景的纽带。那么，领导者如何在下达指令时表达对下属的信任呢？

杰克是一家外贸公司的销售经理。一次，他将一个重要的客户交给销售主管来做。他们是共事很多年的上下级了，而在这个过程中，他接到部门其他员工的小报告，称主管想借此机会挤掉经理。

然而，杰克并没有理睬，这单生意完成后，这位主管前来找杰克。对他说："谢谢你的信任。可是，我不明白，为什么你选择相信我呢？"

杰克说："我先讲个故事，有一位大将军率兵征讨外虏，得胜回朝后，君主并没有赏赐给他很多金银财宝，只是交给大将军一只盒子。大将军原以为是非常值钱的珠宝，可回家打开一看，原来是许多大臣写给皇帝的奏章与信件。再一阅读内容，大将军明白了。

"原来大将军在率兵出征期间，国内有许多仇家诬告他拥兵自重，企图造反。战争期间，大将军与敌军相持不下，国君曾下令退军，可是大将军并未从命，而是坚持战斗，终于大获全胜。在这期间，各种攻击大将军的奏章更是如雪片般飞来，可是君王不为所动，将所有的奏章束之高阁，等大将军回师，一齐交给了他。大将军深受感动，他明白：君王的信任，是比任何财宝都要贵重百倍的。这位令后人扼腕称赞的君王，便是战国时期的魏文侯，那位大将军乃是魏国名将乐羊。

"我们共事多年，你的人品和能力我知道，这单生意我也只有交给你才放心，而且，只有信任才能换来成绩，不是吗？"杰克的一番话令这位主管颇受感动，从此，工作也更努力了。

《孙子兵法》里说道："将能君不御。"领导就好比树根，下属就好比树干，树根就应该把吸收到的养分毫无保留地输给树干。上司和下属之间很容易产生误解，形成隔阂。一个有谋略的政治家，常常能以其巧妙的处理方式，显示自己用人不疑的气度，使得疑人不自疑，而会更加忠心地效力于自己。让下属明白你对他的信任，是对他最大的鼓励。

一个好的领导应该懂得放权，并做到抓大放小，在精力、时间不足时，应该懂得找到合适的人授权，使对方能为自己分忧。如果一个领导大小权力都抓住不放，事必躬亲，结果必然很难培养一批善于为自己工作的团队。

然而，要真正做到对员工信任不是件容易的事。因为既然是人才，都绝非等闲之辈，都有一展抱负的雄心，也很容易受到上司的怀疑，管理者一定得有容人之量，既然用人，就要信人，只有这样，才能人尽其才。

那么，管理者该表达对下属哪些方面的信任呢？

1. 表达对下属忠诚于事业的信任

信任就是对下属的最大肯定，你要相信，他们对事业是忠诚的。

2. 表达对下属工作能力的信任

在下达指令时，你要让下属明确自己的职责，但不要束缚他们的手脚，让他们创造性地开展工作。另外，当他们在工作中遇到问题时，你还要勇于承担责任，并帮助他们找到问题的症结所在，继而总结经验和教训，鼓励他们继续前进。特别是在企业的体制和管理方法上进行改革时，在下属遇到问题时，你一定要挺身而出，给予下属最有力的支持和帮助，将改革进行到底。

因此，管理者在下达工作指令时，就要表达出自己相信下属的道德品质、认可下属的工作态度、理解下属的内在欲求、明白下属的工作方法、肯定下属的工作能力、信赖下属的工作责任感，最终满足员工自我实现的欲求，达到团队合作，共谋发展。

明确责任，让下属尽职尽责

中国人常说："一个和尚挑水喝，两个和尚抬水喝，三个和尚没水喝。"其寓意是：办一件事，如果没制度作保证，责任不落实，人多反而办不成事。三个和尚为什么没水喝？因为三个和尚都有同一种心态，即都不想出力，想让别人去挑水，以致大家都没水喝。其实，三个和尚也可有水喝，只要稍加组织，订立轮流取水的制度，责任落实到人，违者重罚，这样就都有水喝了。同样，在现代企业中，如果企业人员冗杂，那么，管理者要做到责任到人、人尽其用，最好为企业"瘦身"，避免这种资源配置不合理的现象。而在此之前，管理者首先可以做到在给下属下达任务时，明确下属的责任。对此，我们不妨先来看下面一个管理故事：

刘主任是一家食品公司的车间主任。从事这个行业多年以来，他一直兢兢业业，也深受上级领导的赏识和信任。但刘主任也有自己的苦恼：身为车间主任，原本他的工作是管理工人，但实际上，很多时候，面对工人们的懒惰，他实在无法管理。

比如，上个星期一，他要去外地出差，临走之前，他交代员工要将客户催紧的一批货赶出来，并且要严把质量关。

刘主任心想，在他回来之前这批货应该能出厂了。但情况再一次出乎他的意料，当他回到公司以后，发现这些工人们不但没有赶工，反倒忙自己的私人事情去了。气急了的刘主任问员工小王："我交代你的事情你做好了吗？怎么有时间玩手机？"

"是吗？这批食品不一直都是A组负责吗？"小王很诧异地回答道。

刘主任又找A组的小秦，没想到小秦的回答是："您出门之前不是找了B组的人谈话吗？"

此时的刘主任已经什么都不想说了，现在他能做的，就是拖着疲惫的身体替员工干活。

刘主任的管理方法中，哪些地方出现了问题？其一，他是一个管理者，却不懂得利用团队的力量。管理者最主要的职责是发挥每位团队成员的力量，通过他们更好地完成工作。因为一个人的时间、知识和精力都是有限的，即使管理者自己可以更好、更快地完成工作，但问题在于你不可能亲自去做每一件事情。其二，他在授权的时候，没有将责任明确化。员工责任不明确，相互推诿，因此工作效率低下。如果刘主任在出差前能将具体的工作任务安排到每个人身上，比如，某位员工负责生产，某位员工负责质检等，那么，很多问题也就不会出现了。

可见，作为企业管理者，如果想提高员工的工作效率，避免出现一些责任推诿的现象，那就应该在下达指令时就要明确责任，以下是几点建议：

1. 建立规范，细化责任

在分配需要团队协作的任务时，管理者一定要责任明确，不能有重叠的部分。

要做到这一点，管理者可以通过订立严格的管理制度的方法，规范员工的行为。这样，每个岗位上的员工都能清楚自己的任务，该干什么，该怎样干，该向谁汇报工作等。

建立合理的规范，员工就会在规定的范围内行事。

2. 不应干涉员工完成任务的方法

作为管理者，你的工作就是分配任务，然后关注员工完成的结果，而不是干涉员工完成任务的方法。简单点来说，你只需要关注员工达到怎样的结果，而下属采用何种方法则由他们自己去决定。

真正的授权便是着眼于目标，并给下属完全的自由。实际上，员工对于如何达到工作目标是有自己的想法的，让他们自己作出选择，才可以增进你与员工之间的信任和相互依赖。

3. 允许下属参与授权的决策

每一项权力在授予的时候，就应该与限制相伴而生。领导者对下属下放权力时，应该把权力范围限制在这一项任务上，而不是无限制地放权。

那么，下属完成这项工作需要多大的权力呢？该如何衡量呢？最明智的举措便是让下属参与到这项决策中来，让员工自己给出意见。但你还必须注意：人们都是希望自己的权力越大越好，但实际上，这会降低授权的有效性。此时，管理者的把关就显得更为重要了。

4. 即使失败了也要鼓励下属

任何人的成长、成功都离不开挫折与失败。因此，管理者不要因为员工失败就处罚他们。作为当事人，员工此时已经深感愧疚和难过了。此时，你应该更多地强调积极的方面，鼓励他们继续努力，同时，帮助他们学会在失败中学习，和他们一起寻找失败的原因，探讨解决的办法。批评或惩罚员工有益的尝试，便是扼杀创新，结果是员工不愿再做新的尝试。

共同愿景，为下属指引方向

的确，人与动物是不同的，人有着高级的思维能力，人的行动必须有目标，即使有些目标最终仍无法实现。同样，企业管理也是如此。团队和企业的管理者，在管理团队尤其是指派下属任务的过程中，只有给出一个指引方向的共同愿景，才能让员工们看到美好的希望，也才会自动自发地朝着目标前进，也才会有动力战胜各种困难。

"三个臭皮匠赛过诸葛亮"，团队的力量毋庸置疑，有没有共同的目标，共同目标的优劣，也直接影响团队的风气、精神。J.汤普林在指挥英国皇家女子空军时说过一段话：通过统一一种力量，使这种力量产生叠加升级，从而统一各个分散的力量，就必须如磁石一样给别人一种凝聚的目标。定理告诉我们：第一，要定组织目标，指明共同利益；第二，组织目标必须能反映个人需求，个人需求才能促进组织目标。

总之，共同目标对于团队的工作具有极大的鼓励作用。设置合理的目标将大大提升业绩。

那么，管理者该如何设定工作的方向呢？

1. 事先营造良好的讲话氛围

管理者可根据活动的具体情况，设计精彩的开场白，或说内容，或讲形式，或道特点，或谈"历史上的今天"，创造适宜本次活动或轻松或严肃的整体氛围，从而促进会议顺利开展。

2.管理者讲话时必须充满活力

管理者在讲故事时必须饱含感情，才能感染团队成员。

3.态度真诚

管理者在讲完故事后，要鼓励团队成员通过合作发现并处理分歧、参与决策、作出重大决策向前推动工作等。

4.管理者表达的目标或使命必须要清晰明确

这个目的或使命通常包含在企业的使命书中，它反映了企业的远大目标。正是凭着这个目标，团队才有了一种方向感。相对于整个团队来说，小组也有明确的目标，而且小组每个成员的作用也很清晰明确。而设置这一目标，必须遵循以下原则：

（1）目标的量化、具体化。

（2）给目标设定一个清晰的时间限制，与此同时，还必须对完成任务的时间进行一个合理的规定。

（3）目标的难度必须是中等的。

除了上述三个方面以外，对目标进展情况进行定期检查，运用过程目标、表现目标以及成绩目标的组合，利用短期的目标的积累实现长期的目标，设立团队与个人的表现目标等都有利于团队凝聚力的培育。

总之，管理者下达工作任务，要明确团队的一致目标，当个人目标与团队目标高度一致，便可以大大提高团队的工作效率！

谈谈自己，暗示下属也可以做到

现实工作中，管理者都有一个工作任务，那就是激发下属的工作热情和积极性，这就需要管理者把话说到下属心坎里。事实上，我们看到的是，不少管理者说话的时候，下属对那些遥不可及的案例有时候并不信服。我们若希望自己的讲话更有激励性，那么，不妨从自己开始说起，以身作则，说说自己是如何做的，从而暗示你的下属：你也应该这样做，你也可以做到。那么，下属为什么会受到这样的暗示呢？

某心理学家在给某大学心理学系的同学们讲课时，突然为同学们介绍了一位新来的德语教师，并声称这位德语教师是一位著名的化学家。然后，这位所谓的化学家一本正经地开始了自己的化学实验，他拿出一个瓶子，说这是他新发现的一种化学物质，有些气味，请在座的学生闻到气味时就举手，结果多数学生都举起了手。而实际上，这个瓶子里装的不过是毫无气味的蒸馏水。

这位"权威"的心理学家的语言暗示让多数学生都认为自己闻到了不存在的气味。

人们都有一种"安全心理"，即总认为权威人物的思想、行为和语言是正确的，服从他们会使自己更安全，增加不会出错的"保险系数"。同时，人们还有一种"认可心理"，即总认为权威人物的要求往往和社会要求相一致，按照权威人物的要求去做，会得到各方面的认可。因此，一个人要是地位高，有威信，受人敬重，那他所说的话及所做的事就容易引起别人重视，并让他们相信其正确性，即"人微言轻、人贵言重"。

这种心理学上的权威效应给了那些管理者一个启示：我们也可利用"权威效应"去引导和改变下属的工作态度以及行为。一个优秀的领导肯定是企业的权威，或者为企业培养了一个权威，然后利用权威暗示效应进行领导。

作为领导，从自身角度出发，告诉下属自己是如何做的，往往更有说服力。

那么，具体来说，我们该如何以身作则，用语言表达暗示呢？

1.告诉下属你的态度

领导者在激励下属时，可以直接告诉下属你的态度，以此来传达自己想要下属接收的信息。举个很简单的例子，开会时，如果没有一个强硬的反对者，你只要轻松地说一声："已经决定好了。"事情就可以顺理成章地决定了。

"已经决定好了"这句话就是一种"提前暗示"。尤其对那些没有明确想法，头脑像白纸一样的人，要让他们赞成自己，"提前暗示"是极其有力的武器。

有一个经营汽车买卖公司的老板，他在开会时就常利用人的潜在心理，可以说他是一位非常卓越的心理诱导者。他在每一次会议开始时，就先提出大纲，然后告诉职员们："这是我的意见，剩下的就让你们自己去讨论了。"说完他就开始打瞌睡，让开会的职员们自己去讨论，直到归纳出结论时，他才又发言说："那么大家就努力朝这个方向前进吧！"

等他讲完，会议就结束了。

这样做的目的是使职员们认为，事情好像是他们自己决定的，他们会有一种成就感，而职员们归纳出来的结论，事实上就是按照老板所提出的大纲讨论出来的。这一结论正是在老板的暗示下得出的。

2. 以激励代替命令

现实工作中，一些管理者希望下属能按照自己的想法做，就告知听众："你必须……"或者"你最好……"而实际上，人们往往对一些命令式的工作缺乏干劲，因为当被命令时，他们心里没有一股强烈的"达到欲望"。而当这种强烈的欲望起作用时，他本能地就会想办法促使这项工作完成。聪明的领导者则会说："如果是我……这样的话就比较简单了。"下属得到这种潜在的激励后，自然会使出浑身解数，完成目标。

当然，谈自己是一种语言策略和技巧，管理者在工作中确实做到成为下属们工作的榜样才更有说服力。前日本经济团体联合会会长土光敏夫曾经说过："身为一名主管，要比员工付出加倍的努力和心血，以身示范，激励士气。"也就是说，一名管理者要想让员工做到积极工作，做到真正为组织、企业着想，就要做好表率。上行下效，员工的积极性自然也会提高。

因此，管理者在讲话的时候，若希望下属接受并按照你的意图执行，事先告诉下属你的态度以进行暗示不失为一个妙法。

第 05 章

赞美有度，管理者赞美下属要别出心裁

对于任何一个人来说，参加工作是为了更好地生存和发展，这就有金钱和职位等方面的追求，但除此之外，下属更追求个人荣誉。在企业里，每个下属都非常在乎管理者对自己的评价。可以说，管理者的赞扬是下属最需要的奖赏，尤其是充满真诚的赞扬。因此，管理者如果能在工作中真心地赞扬和肯定下属，往往能达到激励下属的目的，使其更忠心地效劳。

赞美是激励下属必不可少的手段与途径

在现代企业中，高明的管理者总是会在工作中赞扬他的下属，即便是对一件很小的事情。当然，在这个过程中，下属的心里总是洋溢着幸福的满足感，因为自己的能力终于得到了证实。那么，领导为什么如此喜欢赞扬下属呢？如果你仔细倾听领导赞扬的话，那就可以猜出其中的端倪。领导赞扬下属，通常会说："工作做得不错，继续努力。"似乎那几句赞美的话就是对下属工作努力的最好奖励，实际上也是最好的激励。领导之所以会大力赞赏下属，最关键的原因就是希望以此满足下属的心理需求，激励下属全身心地投入今后的工作中，为自己效力。

1921年，查尔斯·史考伯担任美国钢铁公司的第一任总裁时，钢铁大王卡内基给了他100万美元的年薪。对此，史考伯说，他得到这么多的薪水，主要是因为他跟别人相处的本领。"我认为，我那能把员工鼓舞起来的能力，是我拥有的最大资产。而使一个人发挥最大能力的方法，就是赞赏和鼓励，"他还说，"再没有什么比上司的批评更能抹杀一个人的雄心。我从来不批评任何人。我赞成鼓励别人工作，因此我急于称赞，讨厌挑错。如果我喜欢什么的话，就是我诚于嘉许，宽于称道。"

这句非常经典的话就是查尔斯·史考伯乐于赞美员工的最佳体现。古人云："好话一句三冬暖，恶语一句六月寒。"我们都知道，与人沟通，说好话跟说坏话的结果一定是不相同的。为什么有的人放弃赞美、而去说坏话呢？这并不是因为他们不愿意赞美，而是因为他们还没有掌握赞美这门艺术。

在美国内战初期，林肯当时为自己立了一个规矩，就是每支部队经过华盛顿向前线开进时，他都要亲自检阅。事实上，当时北方的每一支开往前线的部队都要经过华盛顿。

有一次，当一支部队路过华盛顿时，天空正下着瓢泼大雨，部队的所有士兵都觉得在如此恶劣的天气里，总统是不会再检阅了。但出乎所有士兵的意料，林肯总统依旧站在以前所站的阳台上，向经过的部队挥手致意。大雨淋湿了总统的全身，但林肯却依然坚持站在那里，这使得士兵们备受鼓舞。身边的工作人员劝他回屋避雨，但林肯大声地说："如果士兵们能够承受得了，我照样能够承受得了。"

在接受林肯检阅的时候，士兵们个个士气高涨，林肯一个接一个地与士兵们握手，嘴里称赞道："你们都是好样的！"士兵们则夹道欢迎他们所爱戴的总统，一时之间，总统与普通士兵之间没有任何隔阂。

总统冒着大雨检阅部队，简单的一句称赞："你们都是好样的"，对于在场的每一个士兵来说却是莫大的荣幸。有可能他们其中的某些士兵并不想在战场上付出全力，或者说他们很想放弃上战场的机会，但林肯总统的称赞使得他们忘记了战争的可怕，使得他们热血沸腾，誓死为北方自由而战。显而易见，领导的赞扬并不只是好听的几句话那么简单，它可以让下属为其全力效忠，这也是领导喜欢赞美下属的原因。

陈松身为一家工厂的部门经理，最近他遇到了一个难题：就在一个月前，他的部门调来一个名叫刘鹏的下属，这个刘鹏十分"难搞"，他总是迟到早退，过去的经理对刘鹏都束手无策。最初陈松也向公司建议调刘鹏到其他部门去，但领导没有改变决定，希望陈松好好指导他。

正如别人的评语，第一天上班，刘鹏就迟到了五分钟，中午早五分钟离开单位去吃饭，下班铃声前的十分钟，他已准备好下班了，次日也一样。

陈松观察了一段时间，发现刘鹏缺乏时间观念，不团结同事，但做起事来却十分认真、效率很高，而且成品优良，在质管部门都能顺利通过。

陈松对刘鹏的迟到早退未置一词，只是微笑着打招呼，对刘鹏中午提早去吃饭也从未有异议，这反而使对方自觉过意不去，也让他很纳闷。但尽管这样，刘鹏还是和往常一样，照样迟到早退。

一次，单位组织员工聚餐，这样的场合，刘鹏自然也去了，宴席开始后，陈松端起酒杯，站起来对刘鹏说："今天你能和大家坐在一起吃饭，真的很难得，我一直期待这一天。这段日子以来你的成绩很好，算是单位的冠军呢！真是一流的技术人才，工作速度很快，如果你继续努力，一定会得优良奖。我发现你才能出众，希望你发挥潜力。也许我的话有些不中听，不过，为了自己的前途，你更应该遵守纪律，认真努力。"

感到不安的刘鹏，终于决定在第三周星期一准时上班，站在门口的陈松看到他，对他点了点头。虽然刘鹏没有立刻改掉所有的缺点，但在遵守上下班时间和工作情绪方面，与之前几乎判若两人。

案例中的领导就是通过鼓励和赞美下属，进而让其受到鼓舞、改变缺点的。可见，赞扬可以改变一个人，是催人向上的最好动力，可以有效地激励下属。

在生活中，每个人都渴望来自他人的赞扬，而对于下属来说，自己工作是否努力，有时候只需要领导一句话即可。对于一件工作，即便付出再多的汗水和辛苦，但只要能获得领导的一句称赞，那都是值得的，好像那些曾经付出的汗水和辛苦终于找到它们存在的价值。领导者当然深谙这样的道理，于是，他们更愿意不费力气地说几句好话，从而达到激励下属、鼓励下属的目的。

　　比如，女下属小周穿了一件新的连衣裙，你可以用赞美的语气说："小周，你穿上这件连衣裙，更加漂亮了！"小周会很高兴的。你的下属小王穿了一套新西服，你可以赞美道："小王，你穿上这套西服，更加有风度了！"如遇上年龄大的下属，你可以说："老张越来越年轻了。"老张也会很高兴，并报之以感谢的目光。因为在下属的眼里，领导的赞美更显珍贵，更有激励意义。

　　因此，管理者千万不要认为没有必要去赞扬下属。如果你发现下属身上的闪光点，就要赞扬他，这能有效地激励下属为你工作，下属努力的工作会让你收获更多成功的果实。

赞扬下属的能力，是对他人素质的最大肯定

现代企业内，任何一个管理者，都要承担着为企业和组织甄选人才从而提高企业竞争力的任务，而能否实现这一工作目标，则取决于管理者是否能充分调动、挖掘出员工和下属的积极性。而要做到这一点，最重要的方法之一就是赞扬下属的能力，因为这是对他的素质的最大肯定。

我们先来看下面这样一个职场故事：

汤姆是个害羞、自卑的年轻人。他身材矮小，学历很低。中学毕业后，经过家里人的介绍，他到现在这家食品公司工作。说实话，他之所以会接受这样一份工作，刚开始只是为了获得一份薪水。但经过一件事之后，他彻底改变了自己的工作态度。

有一次，集团董事长深入车间，来到现在这家食品公司视察，这位董事长走到汤姆的工作台的时候，无心说了一句："小伙子，工作态度不错，工作台这么干净、整洁，加油……"

三年后，集团召开高层领导会议，坐在董事长旁边的，就是当年的汤姆，如今的他已经是这家食品公司的总经理了。改变他的，就是这句无心的话。从这句话里，他第一次尝到了被人肯定的甜头，于是，他开始努力工作，并取得现今的成就。

是什么改变了这个自卑的年轻人？是上级领导的鼓舞！虽然是一句无心的赞赏的话，却扭转了汤姆的工作态度，这就是激励的作用。

管理者只有发现每一位下属的特长与能力并加以肯定、安排他们到适

合他们特长的岗位上工作，才能充分发挥人才的作用，让人才为己所用。

可以说，激励他人的最好方法就是肯定他的价值。对于员工来说，你给予他多少信任，他就会给你回报多少成果。有一副调侃人事制度的对联是这样写的："说你行，你就行，不行也行；说不行，就不行，行也不行"，如果把它看成一副哲理性的对联又何尝不是呢？"说你行，你就行"，有了认可和信任，你自然也就有了信心。工作过程中，即使有了错误，也会自我宽慰，失败是成功之母。"说不行，就不行"，这就人为地给人下了一个定论，把人的潜力抹杀了。现实生活中这种成就人与遏制人的例子比比皆是。

我们再来看下面这样一个职场故事：

杰西卡是某外企人力资源部经理。最近，出现了一个令她烦恼的问题：公司来了一批新人，这些新人都是经杰西卡之手挑选进来的，可以说，这是一批精英。按常理，他们应该感谢杰西卡和公司给他们这样一个机会。但事实上，令杰西卡不解的是，他们好像和面试时候的状态完全不一致，一个个都好像霜打的茄子似的，整天无精打采，也没有工作热情。

后来，杰西卡在茶水间听到了新人们的对话："哎，我们努力也没用，每次不管我们怎么努力，杰西卡总是说我们没用……""就是，我也觉得做什么都没劲……"听到这段对话，杰西卡终于明白怎么回事了。

的确，任何一个员工，如果总是被管理者否定，怎么可能产生高涨的工作热情呢？可见，管理者的鼓舞对下属自信心的建立是有极大的帮助作用的。

管理者如何在管理工作中发挥鼓舞的作用是一个关键问题，为此，领导必须做好以下几方面的工作：

1. 要表现得平易近人

这样有助于拉近你和下属之间的关系，培养一种归属感。

2. 要给予下属积极的刺激与激励

优秀的管理者应该善于鼓励下属，经常表扬下属，让下属看到自己的进步，并要尽可能地把荣誉让给下级，把自己摆在后面，这样下级就会为你尽心竭力，形成一种良性循环。

3. 提供给下属明确而具体的努力目标

领导者在从事管理工作的过程中，要为下属提供明确的努力目标，让下属在这样的目标指引下"成就自我"。

4. 提供给下属充分而实在的努力平台

有了明确的努力目标后，领导者还要力所能及地为下属提供努力的平台，让他们去学习。我们都知道，现代社会，任何行业，都面临着强大的压力，有工作上的，有生活上的。因此，管理者在抓管理工作时还需要做到：一方面，要为下属提供适合自身发展的平台，让下属有时间有精力在繁忙的工作之余能够静心于为提高自己的专业素养而努力。另一方面，给下属提供的平台要是具体的，而不仅停留于口头之上。

总之，在工作中，管理者若能启发、鼓舞下属，那么，不仅能获得下属的信服，树立在下属中的威信，还能真正调动下属的工作积极性，在无形中提高团体的工作效率。

想赞美下属，管理者可以承认自己能力的不足

生活中的管理者们，相信你在与人交往的过程中都有这样的感受，那些看起来完美无瑕、毫无缺点的同事或朋友并没有多少人愿意亲近他们。这是为什么呢？因为人们都不希望别人表现得比自己优越，那些看起来很优秀的人在大多数人眼中一点也不可爱。"金无足赤，人无完人"，越是苛求完美，人际关系也越差。

同样，在与下属沟通的过程中也是如此，那些表现得十分完美的管理者，人们往往敬而远之；而相反，若能适度表现出一些小缺点，衬托出对方的优点，那么，对方会觉得你更可爱和真实，也不会因为你存在的一些小缺点而疏远你。

因此，如果你想赞美，也可以从展现自己的一些小缺点开始，巧妙地衬托出对方的优点。

二十世纪九十年代，某国有工厂某车间接到国库券认购任务。这是一个上百号工人的大厂子，因此，有几百名工人认购了不同的数额，但工厂偏偏有几个不愿认购的"老顽固"。这几个拥有30年左右工龄的老工人，任凭车间主任李大姐磨破了嘴皮，依然不肯认购，这让李大姐很是为难。

"不是说要自愿吗？我不自愿！"

前后已经开了三次动员会，依然毫无结果。下班时，李大姐把这几位老工人送到车间门口，轻声说："我现在很为难，大家都是重情义的老员工了，请大家帮个忙。"

奇怪的是，原先态度还很强硬的老工人听了这句语重心长的话，竟纷纷表示："主任，我们不会让你为难。"说完，大家立即转身回去签名认购。

很快，国库券的认购任务就完成了。

在现实的职场中，领导者很少向下属承认自己能力的不足，但这则案例中，李大姐只不过是说了一句表明自己难处和赞美对方的话，没想到有如此大的说服力。老工人虽然文化水平不高，但重情义。现在，一个管理一帮大男人的女人找自己帮忙，谁又会拒绝呢？

从这则故事中，我们可以看到适度展现自己小缺点的方法在沟通中的重要性。有研究结果表明：对于一个德才俱佳的人来说，适当地暴露自己一些小小的缺点，不但不会有损形象，反而会使人们更加喜欢他。其实，这绝不仅是社会心理学中的"暴露缺点效应"。更重要的是，人们都喜欢被他人认可和肯定自己的能力，这种认可可以通过比较得出。如果他的朋友在所有方面都表现得比自己优秀，那么，这种优越感也就荡然无存了。

所以，在与下属沟通的过程中，你可以通过适度暴露自己的一些不足来满足对方的虚荣心，这样，你就能拉近彼此距离、增进感情了。当然，主动向他人展示自己的一些小缺点，还必须注意一些问题：

1.把握"度"的问题

因为，"过多地暴露"或者"和盘托出"都会存在风险，这样做有可能导致对方顺着你的思路去评价你，最终导致的结果是让对方远离你，因为和人们不喜欢"完美"的人一样，他们也不喜欢全身满是缺点的人。此时，即便你再巧舌如簧地赞美对方，对方也不会对你留下什么好印象了。

因此，提倡"自我暴露"，并不是让你去不看对象、不分场合、不问情由地"胡暴乱露"一通，我们不妨选择暴露那些不会影响到整体形象的

"小事件"或者"小缺点""小毛病"等。

2. 要遵循相互性原则

这时的"相互性原则"的含义是："自我暴露"必须缓慢到相当温和的程度，缓慢到足以使双方都不致于感到惊讶的速度。如果过早地涉及太多的个人亲密关系，反而会引起对方强烈的排斥情绪，引起焦虑和自卫反应。

因此，在与下属沟通中，如果你想让下属喜欢并追随你，就不要苛求完美无缺，相反，你可以适度暴露自己的一些小缺点，以此来赞赏对方，这样，容易让身边人产生亲近之感，为你赢来好人缘。

赞美下属，要从细节说起

管理者周围充斥着烦琐的文件和事务，面临着越来越大的压力，甚至对工作失去了热情，变得焦虑和抑郁，经常想些不愉快的事情，对能完成的简单工作也会觉得复杂和难度增大！而在这个时候，如果有人能站出来告诉你：不要灰心，加油，你是最棒的！你是否感受到了新的能量？这样的感受同样会出现在员工身上。

心理学研究发现，人们的行为受着动机的支配，而动机又是随着人们的心理需要而产生的。人们的心理需要一旦得到满足，便会产生积极向上的原动力。

称赞常被理解为恭维。的确，真实的恭维是说好听的话，是与人为善的表现，是对他人的爱抚。渴望受人赞美是人的本性。简单的几句赞美有时能产生很大的效果，不但使人感到温馨与振奋，而且能够解决难题，甚至可以改变人的一生。称赞是一种做人的技巧，也是一种对他人友善和礼貌的表现。

小杨这天去理发，可是剪完以后，她很不满意，几乎和理发师当场吵起来。当她极其不安地顶着新发型到了公司的时候，刚好在门口遇到了部门主管，主管随口说了一句："这发型很适合你哟。"小杨的怨气一股脑儿全消了，心情变得大好，随后几天的工作都非常顺利。

从这个故事中，我们应当有所启发。身处职场，赞美别人，我们要心思细腻，有时候哪怕是赞美别人微不足道的一个优点，也会起到意想不到的效果。因此，作为一名管理者，你应该认识到，赞美他人，不仅能拉近团队成员间的距离，更能起到鼓舞对方的作用。

当然，管理者赞美下属，并不一定要从工作入手，只要我们细心观察，就能发现下属值得赞美的地方。

然而，一些不善言谈的管理者虽然了解赞美的好处，但在赞美他人时常犯一种错误，就是见了什么都说好，见了谁都说好。这样泛泛的赞扬会让人觉得赞扬者漫不经心，它不会让受赞扬的人感觉到真正的快乐。从细节上赞美会显得更真实，也会更有力、有效。

玲玲是一名打字员。她所在公司的经理是个脾气阴晴不定的人，在工作中也夸奖过下属，但却是"无的放矢"，让很多同事不明就里。玲玲就是因为曾经被他表扬而不知所措。

有一天，玲玲刚走进办公室，恰遇上总经理，总经理称赞她"是一名优秀的职员"，玲玲还以为自己的努力被经理看到了。但事实上，过了一会儿，经理就问一份错误的报告是谁打的，玲玲主动承认了自己的失误。而下班时，经理又赞扬她"你工作做得很好"。这些毫无来由的赞扬使玲玲感到很困惑。接下来的几天，玲玲都受到了经理这种莫名其妙的表扬。在几经折腾下，玲玲一纸辞呈，离开了公司。

在这个事例中，这位经理深知赞扬对员工的作用，但他却不知道赞美的正确方法，让员工玲玲陷入了困惑而辞职。

一位著名企业家说过："促使人们自身能力发展到极限的最好办法，就是赞赏和鼓励……我喜欢的就是真诚、慷慨地赞美别人。"如果你真心诚意地想搞好与下属的关系，就不要光想着自己的成就、功劳，而是需要去发现别人的优点、长处、成绩。不是虚情假意地逢迎，而是真诚地、慷慨地去赞美。

管理者在赞美和鼓舞下属时，不能没有原则地胡乱吹捧，你需要注意以下几点：

1. 发自内心、真诚赞美

任何赞美，只有建立在真诚的基础上，才会真实可信，否则给人虚假和牵强的感觉。比如，如果你的女同事身材矮小肥胖，你却用"苗条"这个词来夸赞她，必当被对方认为是嘲笑、讥讽或者是不怀好意。

2. 不能用千篇一律的语言赞美每一个下属

在赞美同事的时候要根据其性别、性格和职位高低等各个方面来使用赞美语言。

赞美和肯定下属，即使与工作无关，也能加深你们彼此之间的关系。如果你能找出对方最值得赞赏的地方，甚至是一直被其他人忽视的地方，那么，对方必定受宠若惊，对你的细心感激不尽。找对了夸奖的角度，哪怕是不经意的一句话，都会起到意想不到的效果。

从明天起，如果你发现中午的工作餐有一道好菜时，不要忘记说这道菜做得不错，并且把这句话传给大师傅；如果你发现一位下属的项目做得很利索，不要忘记赞美他雷厉风行的工作作风……这些话语能让你的下属们受到鼓舞，更加努力工作、提升工作效率。

总之，真诚而又有技巧地赞美下属，不仅会增加下属对你的好感，而且也会给你自己的工作带来便利，使彼此的心情变得愉悦、轻松，合作起来也格外容易。

赞美下属被人忽视的优点，迅速赢得人心

被肯定和赞美是人们的一种心理需要。恰当地赞美别人，会给人以舒适感，同时也会改善我们的人际关系。身处职场，管理者要想得到下属的支持，赞美对方也是必不可少的。

但我们所说的赞美绝不是毫无章法的。沟通中，如果你总是在赞美很多人都提及的优点，别人听得多了，自然兴趣缺乏。这时候不妨赞美别人忽视的优点，会达到意想不到的效果。比如：其他人都在说某个下属歌唱得好，殊不知，其实他也很擅长踢足球。此时，如果你能一反常态，赞美他的球踢得好，势必会引起关注。

每个人在内心中都希望他人能看到自己某方面的优点，都希望自己的价值被认可，尤其是那些被他人忽视的优点，一旦被你发现和指出来，对方势必大为感动。

陈婷婷是一家公司的小主管，负责一些采购的事宜。有一次，公司采购部的车出了问题，而刚好总经理专用车司机刘师傅的轿车停在附近，出于方便，刘师傅准备载她一程，于是她第一次坐刘师傅开的轿车。当时正值上下班高峰时间，路上交通拥挤，而陈婷婷还赶时间，刘师傅也着急的不得了。于是，刘师傅准备选择一条近道出发。只见刘师傅几个简单的动作就从拥挤的车流中穿过去了，陈婷婷见状，很感慨地说："刘师傅，这是我头一次遇到这样的情况，您的驾驶技术真是不一般，怪不得经理聘用您十多年了。"想不到这句衷心的赞美之言，使刘师傅非常高兴。因为他

已经做经理司机十年了，十年来，连经理都没对他说过一句赞美的话，刘师傅感动得不得了。后来，刘师傅对当时的情景还念念不忘，在私下里经常主动帮陈婷婷的忙，再后来陈婷婷升到采购部经理的时候，他还时常地夸奖陈婷婷，说总经理体恤下属、慧眼识英才等。

故事中的陈婷婷，之所以会与刘师傅结下良好的关系，就在于其简单的一句赞美的话："您的驾驶技术真是不一般，怪不得经理聘用您十多年了。"

工作中，如果管理者能挖掘出下属未曾被赞赏过的优点并进行赞美的话，那么，下属一定能感受到你的真心。

一个在巴黎旅游的外国人，在车站附近遇到一个街头卖艺者，其琴声悠扬，令人感伤，吸引了不少行人。拉完一曲，周围的人纷纷向钱罐里丢钱，有的面额还不小。转眼工夫，钱已装满了罐子。但卖艺者脸上并没有一丝欣喜的表情。

"已赚到不少钱了，他为什么还不快乐？"旅游者望着卖艺人那依旧忧郁的面孔，疑惑地问。

"也许他需要掌声吧。"她的朋友淡淡地说了一句。

旅游者的心被触动了。她缓缓抬起手来，为之鼓掌。果然，卖艺人那张暗淡瘦削的脸慢慢绽开了，眼睛里还溢出了感激的泪水。

不错，卖艺者心底的最终期待是掌声！钱只不过是别人因可怜他而给予的一种恩赐，而掌声则是对他技艺的赞许和鼓励，是真正发自内心的无私认可。

那么，在具体的赞美过程中，我们该怎样赞美下属被忽视的优点呢？

1. 少讲客套的赞美话

无论你和下属关系如何，都不能过分客气，不知道你是否有这样的境遇：你接受下属的邀请，到朋友家里做客，但朋友不但把你奉为上宾，还对你异常客气，总是对你说一些客套的漂亮话，唯恐你不高兴，唯恐开罪于你。如此一来，你一定觉得如芒刺背，坐立不安。

事实上，要想给下属突如其来的赞美，首先就必须要避免冗长的赞美话，字字珠玑的赞美才有诚意。

2. 先了解你的下属

每个人都有其自豪的地方，有的优点是被他人经常提及的，但有些优点是被人忽略的。因此，从哪个角度进行赞美才最恰当，就需要我们做到细致地了解对方。

3. 不着痕迹地夸大对方被人忽视的优点

赞美下属时，把对方的优点加以拔高、放大是很常见的，但如果做得过分，就有明显讨好之意，反而显得不真诚。因此，我们在抬高别人的时候，一定要说得巧妙。最高明的做法是自然而然，不露痕迹。

当然，任何形式的赞美都必须建立在真诚的基础上，不要为了赞美而赞美，因为只有真诚的赞美才是自然的，才不会给对方突兀和莫名其妙的感觉。

第06章

批评有法，管理者批评下属要含蓄委婉

批评是一门艺术，批评是为了鞭策和激励他人更好地完成工作，达到团队共同的目标。批评是一种反向的激励，如果运用不好，就很容易刺激他人，损伤下属的自尊心和荣誉感，这样不但收不到激励的效果，还会走向激励的反面，使被批评者情绪消极、表现被动，甚至会做出偏激和抵抗的反应。所以，管理者在批评的时候，切忌直接指出下属的错误，而是需要委婉指出错误，在言语上含蓄婉转，切忌尖酸刻薄。

委婉含蓄，指出下属的错误时不要尖酸刻薄

在管理工作中，批评是一种必要的强化手段，与表扬相辅相成。批评也要讲艺术性，如果运用不当，下属就只会记住你的批评而不是自己的错误。管理者应该尽量减少批评带来的副作用，尽可能地减少下级对批评的抵触情绪，来达到比较理想的批评效果。

在某些管理者看来，批评就是全盘否定，他们只看到别人的缺点，忽视其优点。其实，从"批评"所达到的目的来说，我们可以把"批评"当作是"提醒""激励"，而不是彻底否定。管理者在批评下属时，千万不要言辞刻薄，恶语相向，如此，下属才能在接受批评的同时，不产生对管理者的负面情绪。

每个人都有自尊心，即使是犯了错误的人也是如此。如果下属真的在某些方面犯了错误，管理者在批评的时候，要考虑到对方的自尊心，切不可随便加以伤害。因此，批评他人的时候，一定要保持自己心平气和，而不可大发雷霆，横眉怒目，误以为这样才能显示你的威风。实际上，这样的批评方式，最容易伤害对方的自尊心，甚至会导致矛盾激化。因此，你在批评对方的时候，要戒言辞尖刻、恶语伤人。虽然对方有过错，但是在人格上与你完全平等，所以不能随便贬低对方甚至污辱对方。当你处在怒火正盛的时候，最好先别批评下属，等自己心情平静下来之后再去批评人。

在日常工作中，许多管理者在对下属真诚的赞美之后，喜欢拐弯抹角地加上"但是"两个字，然后就开始一连串的批评。比如，他们常会说：

"小王，这次干得不错，但是，其中还是出现了许多问题，希望你能多多提高你的业务水平。"本来，备受鼓舞的小王在听到"但是"两个字以后，就开始怀疑之前领导对自己的肯定了。对他来说，赞美变成了引向批评的前奏，因此，在委婉指出别人错误的时候，切忌在赞美后加"但是"两个字。

委婉式的批评其实就是间接式的批评，不要当面直接地进行批评，而采取间接的方式对他进行批评。管理者可以采用借彼比此的方法，声东击西，这样让被批评者有一个思考的余地，而更容易接受。委婉式的批评特点就是含蓄蕴藉，不会伤害被批评者的自尊心。每个人的自尊心都是很强的，管理者如果在公开场合点名批评犯错的下属，就会让对方感觉没面子，"颜面扫地"，以致于对管理者怀恨在心，有的干脆"破罐子破摔"。所以，领导者在对人进行批评时，要采取委婉的批评方式。

那么，管理者对下属在进行委婉批评的时候，需要注意哪些问题呢？

1. 就事论事

管理者的批评要在平等的基础上进行，态度上的严厉并不等于语言的恶毒，只有那些无能的领导才去揭人伤疤。揭人伤疤的做法只会勾起对方一些不愉快的记忆，对问题的解决毫无帮助；而且当你在揭他人伤疤的时候，除了使被批评者心寒之外，也会让旁观的人听了不舒服。

因为伤疤人人都有，只是存在大小的问题，旁观者见到同事的惨状，只要不是幸灾乐祸的人，都会有"下一个就轮到我"的感觉。乱揭他人伤疤，除了让他人颜面尽失，根本就无法达到批评原本的目的——让被批评者认识到自己的错误。

2. 以朋友的口吻

管理者应该用恰当的批评方法，而不是以审判者自居，你可以站在与他同一立场，用朋友的口吻去询问对方："发生了什么事？""我能为你做些什么？"或者"为什么会这样？怎么回事？"这样的方式，可以帮助你了解情况，以便更好地解决问题。

当然，你也可以直接告诉他你的要求，但是千万不要说："你这样做根本不对！""这样做绝对不行。"你可以试着说："我希望你能……""我认为你会做得更好。""这样做好像没有真正地发挥你的水平。"用提醒的口吻与他说，私下再与他交换意见，委婉地表达自己的想法，跟他讲道理、分析利弊，他就更容易心悦诚服，接受你的批评和帮助。

先肯定再批评，下属更易接受

俗话说，人无完人，管理者在管理企业的过程中，难免会遇上员工和下属犯错误的情况。此时，如何批评下属就体现了管理者的语言艺术。如果直接批评，效果不一定好，还有可能打击员工的积极性，此时，如果我们能先使用赞美法肯定下属，然后再合理、中肯、委婉地提出批评，接着再以赞扬的方式结尾，下属往往更能认识到自己的错误，继而改正错误。

我们先来看看美国前总统约翰·卡尔文·柯立芝的一次经历：

约翰·卡尔文·柯立芝于1923年成为美国总统。他有一位漂亮的女秘书，人虽长得很漂亮，但工作中却常因粗心而出错。

一天早晨，柯立芝看见秘书走进办公室，便对她说："今天你穿的这身衣服真漂亮，正适合你这样漂亮的小姐。"这句话出自柯立芝口中，简直让女秘书受宠若惊。柯立芝接着说："但也不要骄傲，我相信你同样能把公文处理得像你自己一样漂亮的。"果然从那天起，女秘书在处理公文时很少出错了。

一位朋友知道了这件事后，便问柯立芝："这个方法很妙，你是怎么想出的？"柯立芝得意洋洋地说："这很简单，你看见过理发师给人刮胡子吗？他要先给人涂些肥皂水，为什么呀，就是为了刮起来使人不觉得痛。"

柯立芝的这一故事告诉领导者，在批评下属时，最好将批评夹在赞美中。将对他人的批评夹裹在前后肯定的话语之中，减少批评的负面效应，使被批评者愉快地接受对自己的批评。也就是说以赞美的形式巧妙地取代批评，以看似简捷的方式达到直接的目的。

美国一位著名社会活动家曾提出一条原则："给人一个好名声，让他们去达到它。"研究调查表明，那些被赞美的人宁愿做出惊人的努力，也不愿让赞美的人失望。因此，管理者应该努力发现下属的一些闪光点，你给下属一些阳光，他会还你一片灿烂。

因此，聪明的管理者在下属犯错误时，绝不会与下属斗气、劈头盖脸一顿臭骂，而是会掌握批评的艺术，让下属心甘情愿地接受指导。

刘女士是某外企的公关部经理，公关部是公司的门面，自然对员工的穿着都有一定的要求。但这天，新来的吴小姐却身着一身街头服饰，对此，刘女士不能不管，但她并没有直接批评小刘，而是这样委婉地说："嘿，小吴，今天的发型很漂亮啊（第一步——赞美），如果配上咱们公司的职业装（第二步——其实是批评），你会更精神更漂亮！（第三步——赞美）"

案例中的刘女士在批评下属的时候使用的方法就值得我们学习，先赞赏和肯定，再委婉指出对方的错误或者不足。由此，被批评的一方会觉得自己受到了激励，也就能心平气和地接受批评了。

受到批评本身就不是一件愉快的事情，所以在工作中，管理者不但应该注意自己在批评时的态度，即便有些个人成见，也要始终保持友善的气氛，更重要的是要找对批评的方法。那么，具体来说，我们该如何批评下属呢？

1. 在提出批评之前，先对下属充分肯定

这有助于减轻下属的恐惧心理，然后管理者适时地提出批评，让其理智地思考自己的过错，而不是陷入情绪的对抗当中，最后再次给予肯定和表扬。让下属怀着积极的心态离开你的办公室。

2. 不要伤害部下的自尊与自信

批评下属要把握一个核心，就是不损对方的面子，不伤对方的自尊。例如："我以前也会犯下这种过错……""每个人都有低潮的时候，重要的是如何缩短低潮的时间""像你这么聪明的人，我实在无法同意你再犯一次同样的错误""你以往的表现都优于一般人，希望你不要再犯这样的错误。"

3. 友好的结束批评

没有人喜欢被否定，你的部下也是如此。因此，批评不当，很容易让对方感到一定的压力，对其造成心理负担，甚至对你产生对抗情绪，这并不利于以后沟通工作的开展。为了避免这一点，你可以在批评结束时，以友好的态度表明你的期望，比如："我相信你一定能做得更好。"这是一种鼓励。而如果你说："今后不许再犯。"那么，对方势必会认为这是一种警告，无形中受到了另一次打击。

4. 选择适当的场所

下属也是爱面子的，公共场合的批评会让他下不来台。因此，你最好不要当着众人面指责下属。独立的办公室、安静的会议室、午餐后的休息室，或者楼下的咖啡厅都是不错的选择。

5. 不是所有事都要批评

人无完人，每个人都会在工作中犯一些错误，只是错误的轻重程度不同。管理者对于那些重大错误才需要批评，而对于一些无关紧要、稍微处理即可的事件就不可作吹毛求疵的批评。因为工作习惯和风格不同而去批评下属，是非常错误的。

　　总之，批评下属也要靠技巧。不要用恶语中伤他人，劝告他人时，如果能做到前后融入赞扬和肯定，并做到态度诚恳，语出谨慎，将会得到更多的友谊和人缘，达到事半功倍的效果。

学会用鼓励代替批评，让下属重拾信心

前面，我们已经提及，在管理中，批评下属是再正常不过的事，但管理者要明白，批评不是目的，只是方法，目的是指正对方，让对方做得更好。为了实现这一目的，管理者可以用鼓励代替批评，以此暗示对方："你要有信心，你会做得更好。"心理学研究表明：当一个人被人批评的时候，往往会内心恐惧和担忧，还会因此而怀疑自己，容易产生自卑的心理，不利于更好的改变。相反，当受到鼓励的时候，内心的恐惧和担忧会慢慢地消除，在对方对自己深信不疑的前提下，寻求继续进步和努力。可见，在一个人犯错的时候，鼓励要胜于批评。

李先生是一位成功人士，他在回忆自己的成长经历时充满深情地提到以前的一位老师，很有感慨地说，如果没有这位老师当年讲的话，可能就没有自己的今天。

李先生说，自己从小调皮捣蛋，无心学习，整天打架，总之是劣习成性，没有哪个老师能把他驯服。后来有位年轻的女老师当了他的班主任，在一次他把邻班同学的头打破以后，老师找他到办公室，温和地对他说："我一直认为你是个聪明的学生，你看你这次考试又有进步了，老师希望你能够继续努力学习，把自己的聪明劲用到学习上来……"

这位老师的话对年少的他触动很大，他没想到老师会真诚地夸奖他，认为他很聪明。于是，他决心改掉所有的劣习，好好学习，最后，他终于成功了。

一样的批评，但这位老师的话说得却更动听，更能打动人心。如果没有那位老师激励的话语，也许李先生就不会拥有现在如此成功的人生。批评本身是具有伤害性的，而卓越的管理者，则会把批评的伤害性降到最低限度，这样一来，下属即使在遭受批评之后，也只会充满感激，而非抱怨。

工作中这样的案例很多，比如，下属正在专心致志地画设计图，领导从后面走过来，拍了拍下属的肩膀，然后说："很不错，继续努力。"听到这话以后，下属的心里肯定是美滋滋的，工作起来更加的认真仔细了。过了几分钟，另外一个同事凑上来看了一眼，说："真差劲，还是老样子。"此人很不高兴，他嘟囔着说："刚刚××都说我设计得很好呢。"这位同事笑着说："那是因为××怕你不高兴，才这么说的。"此人生气地把鼠标一扔，说："算了，不画了。"同样一幅设计图，领导用了鼓励的方式，另外一位同事则用了批评的方式，结果截然相反。可见，用鼓励的言语去激励他人能更好地达到目的。

那么，究竟如何用鼓励的言语去批评下属呢？

1. 肯定下属工作中认真积极的态度

不管对方是犯了错误，还是失败了。下属的努力付出是抹杀不掉的。这时候，与其去指责他，倒不如肯定他的积极态度，让他更有信心。比如：如果代表部门参加公司竞赛的同事没有拿到名次，不要怪罪他能力不行，而要肯定他的努力付出。这样，对方内心的愧疚和难受也会得到适当的减弱。

2. 把你的希望寄托出来

尽管下属的表现与你的期望还有一段距离，但是这时候不要责怪他人，在对下属肯定的同时，把你的希望和寄托说出来，让对方明白自己还需要继续努力。比如下属的设计图做得不好，你与其指责，不如说："你已经做得不错了，要是再耐心一些，认真一些，效果会更好。"这样，你的鼓励会让下属更加的有信心。

3. 为对方勾画一幅蓝图

很多时候，我们之所以不懈努力，是因为我们对自己的优秀深信不疑。当下属做错了事情，或者是遭遇到了挫折。与其批评指责，不如告诉他，他是个了不起的人物。这样，他的心里会重新燃起熊熊烈火。事实证明，信心对一个人的成功有非常重要的作用。关键时候，不妨为下属勾画一幅蓝图，让他对自己充满信心。

总之，当一个人做错事之后，内心之中更渴望得到别人的理解和鼓励，而不是严厉的斥责。企业管理者也要深谙这一批评法则，当下属犯错时，鼓励能让他重拾信心，而斥责则会让他更加灰心。

正己才能正人，批评下属前先做好自我批评

管理者虽常常处于教导的角色中，但管理者也是人，也会犯错，因此，在下属犯错的时候，可以先做个自我批评，再批评下属。而在自我批评时，领导者需要摆正心态、心平气和，以此让下属感受到你的诚意。

一个敢于自我批评的人无疑是值得尊敬的。而且，从说服力上面来说，即使下属所犯的错误真的不是自己所为，但自己作为上司，有着不可推卸的责任，因此，在这时候，管理者需要拿出应有的风度与涵养，先做好自我批评，再批评下属，你的话语会更有说服力，与此同时，下属也会更深刻地意识到自己的错误。

一家工厂的效益长期难以提高，试过多种激励、批评方法也不见成效。

这天，总经理在主管的陪同下，将大家召集到了一起，然后对大家说："我很不幸地告诉大家，因为厂子总是完不成定额，我们已经失去了很多客户了，而现在，厂子效益差，可能经营不下去了。可能有些人已经知道消息、找好下家了，我今天来是向大家道歉的，大家跟着我这么多年，辛苦了，都是因为我经营不善、管理不当，如果我早早地就做好风险防范措施，多找路子，就不会这样。"说完，总经理深深地鞠了一躬。

大家听完总经理的话，羞愧地低下了头，每个人心里都清楚，问题的原因在自身，而不在总经理身上。从这天之后，大家都不约而同地努力了起来，产品产量也得到了很大的提升。

案例中的这位总经理就是个善于教育下属的人，在面对下属怠工的情

况，他并没有直接批评，而是把责任归结到自己身上，对于他所说的这个"忏悔的故事"，很明显，是为了让员工认识到自己的错误，进而调整工作状态，努力工作。

在现实工作中，一些领导在自己犯了错误的时候，不进行自我检讨，不进行自我批评，反而拿下属开刀，说得下属一无是处。如此的领导，既不客观，也不公正。管理要明白，批评自我，不但不会抹黑自己的形象，反而会展示给大家一个更客观公正、光明磊落的形象。当然，自我批评是需要勇气的，不过，你在进行自我批评的时候，你已经战胜了自我，成为真正卓越的管理者。

小刘是某公司财务部门的一名员工，工作以来一直尽职尽责，但最近在工作上却出现了一点小疏忽。

原来，一位同事原本是请了病假，但在核算工资的时候，小刘却给了那位同事全勤的工资。幸亏，他很快发现了这一点，然后就及时地告诉那位员工，解释说必须要纠正这个错误，他要在下一次的薪水中扣去多付的薪水金额。

然而，那位员工说这样做会给自己带来严重的财务问题，因此，他请求分期扣回多付的薪水。但是，这样的话，小刘必须首先获得上级的批准。

小刘心想：我这样做，一定会使老板十分不满。他知道这一切的混乱都是自己的错误造成的，若告诉了老板，自己肯定会受批评。于是，他瞒住了整件事情，自作主张地应允了那位员工的要求。

没成想，过了两周，这件事还是被老板知道了。在办公室里，小刘向老板说明了事情的详细经过，并承认了自己的错误。老板听了大发脾气，拍着桌子吼道："你是怎么办事的？事先怎么不跟我说一声？我发现你现在胆子越来越大了，擅自做主决定这件事情，是不是再过几天，你就坐我的位置了？"小刘低着头不说话，心里却很不服气：虽然我有错在先，但现在已经处理好了，而且，谁叫你平时不关注公司的事情，有了问题你才出来，这算什么领导啊。

在后面的日子，小刘也不怎么听领导说话，经常是自己一个人闷着头做事。而领导也觉得，那些下属越来越难管理了。

虽然小刘作为下属，犯错在先，但他在犯错之后却也想到了挽救的办法，这一点是值得领导肯定的。而小刘的上司却在得知整件事情之后，不顾青红皂白就大骂了下属一顿，这令小刘有了抵触的情绪，在以后的工作中，工作效率降低。

管理者批评下属时不应该站在下属的对立面，而应该在心理上与下属站在一起，告诉下属"这件事情，我也有责任"，并且详细叙述自己过错，从心理上缓解下属的恐惧情绪。让下属感觉到，自己并不是一个人在承担责任，领导也站在自己这一边。这样一来，下属更容易看清自己的错误。领导率先做自我批评，其实是在下属面前树立了一个敢于承担责任的榜样。

下属犯了错误时，如果领导盛气凌人，只把下属批评一顿，却不肯承担自己的责任，好像自己永远是正确的。那么，下属就会有自己在领导心目中一无是处的委屈之感。虽然他们表面上并没反驳什么，但心里却是耿耿于怀。所以，在批评下属的时候，管理者应先自责，进而再指出下属的错误，使下属有与领导共同承担责任之感，使其产生愧疚之心。那么，在以后的工作中，下属定会尽心尽力，付出自己的所有。

用心理暗示代替正面批评，让下属认识到自己的不足

在日常工作中，当下属在工作中出现失误或者失职，管理者批评下属是再正常不过的事，但如何批评才能让下属心甘情愿地接受就考验到管理者的口才技巧了。从管理者角度来说，如果我们自身是被批评的对象，当他人直截了当地说出我们的错误时，往往也会有这样的第一反应："我真的错了吗？"紧接着，我们在内心深处就会开始找理由为自己辩解。即使批评者苦口婆心地劝说，我们也不可能听进去；而如果他人能侧面点拨、委婉暗示，那么，我们接受起来就容易多了。

我们来看看玛姬·贾可布太太是怎样让那些行为懒散的建筑工人养成事后清理的好习惯的。

贾可布太太请了几位建筑工人来加盖自己的房间。刚开始几天，当贾可布太太回家的时候，她看到被弄得乱七八糟的院子和四处可见的木屑，确实有点生气。但是她并没有直接表现出来，因为这些工人技术确实不错，贾可布太太不想让工人们产生反感的情绪而影响工作，所以她想到了一个恰当的解决办法。

这天等工人们离开后，她叫来孩子们，大家一起把那些木屑清理干净，然后堆在院子的角落里。第二天早上，当工人们来开工的时候，她把工头叫过来，对他说："你们昨天离开之前把这些木屑清理干净，我很高兴，这样那些邻居们终于不跟我抱怨了。"从那天以后，工人们每天在完工之后，都会主动把那些木屑堆到院子的角落里，工头也会监督这些工人

每天这样做。

从这则故事中，我们可以知道，委婉间接地提出别人的过失，要比直接说出来要温和得多，而且，还不会让别人产生反感的情绪。

心理学专家研究表明：每个人内心都希望自己的人格得到别人尊重，即使是犯了错误也不例外。这时候，倘若能委婉一些，把尊重送达出去，别人内心多会因为感激而顺从，而不是因为不满而对抗。因而，管理者在对下属表达批评的时候，要委婉一些，避免激起对方的逆反心理。

美国军队有一条规定，军人一律不得蓄长发。而黑格将军担任北约部队总司令时，却蓄着长长的头发。

有一名被禁止留长发的美国士兵，看到画报上登载着长发的黑格将军像，便把它撕下来，贴在不许他留长发的办公室的门上。为了表示抗议，他还画一个箭头，指着总司令的头发，写了一行字：请看他的头发！

少校看见了这份别出心裁的抗议书，没有把这个愤愤不平的小兵喊来训斥一通，而是将那箭头延长，指向总司令的领章，也写了一行字：请看他的官衔！

这里，少校这样答复小兵的抗议是很幽默的。他并没有指明小兵的做法是错误的，而是采用与小兵相同的"说话方式"，让小兵认识到自己的抗议是无效的。

生活中，我们谁都不喜欢被批评，因为批评意味着否定与不认可。同样，作为企业管理者，在工作中如果不顾对方感受和情绪，把自己的想法强加给下属，不仅起不到预想的效果，还会打击下属工作的积极性。为了达到提醒的目的而不打击下属的积极性，我们可以利用言语暗示来传递一些信息。大量事实证明，暗示比直言快语更能凸显出表达效果，因为它所表现出来的婉转曲折，总是给人以愉快的心情。

那么，具体来说，我们该怎样做呢？

1.注意批评的态度

假若你劈头盖脸地批评下属，那么，这无疑是火上浇油，甚至使对方迁怒于你。所以批评下属一定要注意自己说话的态度，真诚恳切而又平心静气地向对方陈述，使对方信任你，才有可能说服下属。

2.掌握火候，不要在刚开始就讨论下属的错误

如果一开始我们就反对下属，那么，下属只会产生逆反心理；而反过来，如果我们站在下属的角度说话，先肯定他，或者讲些对方愿意听的话，那么，共同点找到后，你再表达自己的观点，下属会更容易接受。

3.切莫让对方先入为主

如果在开始说话前，下属就已经对你产生了警戒或者对立的态度，那么，让下属接受批评指正的难度自然就会加大。所以我们应当一面巧妙地疏导和松懈下属的戒心，一面小心地辅以适当的劝服，这样下属就比较容易接受批评。

我们要对下属的个性进行一番了解，当正面批评容易使下属产生对立情绪时，不妨采用迂回方法：或退一步，或从侧面，或步步为营。总之，要先肯定下属可取的部分，然后暗示出下属的错误也是情有可原的，从而让对方在不知不觉中接受你的意见。

第 07 章

幽默表达，是智慧管理者必备之口才

在企业管理中，管理者具有一定的亲和力，能够拉近与下属之间的心理距离；展现亲和力的方式有很多种，其中就有幽默表达法。幽默会给我们的生活带来笑声，带来欢乐。

在现实生活中，幽默是每个人必备的主要魅力之一。一个人若是缺少了幽默，就等于没有魅力。那些善于幽默的管理者比古板严肃的管理者更有领导魅力，也更容易获得下属的认同与追随。

幽默的言辞彰显管理者说话水平

幽默是人类智慧的产物。幽默不仅是一种人生态度，更是一种人生智慧。幽默的语言风格使领导者绽放智慧的色彩。曾经，美国329家大公司的行政主管人员，参加了一项幽默意见调查。结果表明：97%的企业主管相信，幽默在企业界具有相当的价值；60%的企业主管相信，幽默感决定着个人事业成功的程度。由此可见，幽默对于管理者十分重要。

管理者表达幽默，一方面可以在无形中拉近与他人之间的距离，同时，还能激起对方想与你沟通的欲望。在现实工作中，许多管理者总是与下属保持一定的距离，平时紧绷着面孔，不愿意轻易相信下属，不轻易接触下属。在他们看来，和下属开玩笑、打成一片是有损领导威信的。有时候，明明是当面就能了解到的问题，但管理者却总是安排下属到自己办公室汇报，问东问西，语气严肃，不时提一些问题，以显示自己的气度与水平。如此不具幽默地说话，根本没半点亲和力，时间长了，下属也开始逃离你这样的领导了。

有一次，孙中山在广东大学做一次关于民族主义的演讲。礼堂非常小，听众很多，天气闷热，很多人都无精打采。见此景，孙中山使用起了幽默的武器：

"那年我在香港读书时，看见许多苦力聚在一起谈话，听的人哈哈大笑。我觉得奇怪，便走上前去。有一个苦力说：'后生哥，读书好了，知道我们的事对你什么帮助。'又一个告诉我：'我们当中一个行家，牢牢记住那马票上面的号码，把它藏在日常用来挑东西的竹竿里。等到开奖，竟真的中了头奖，他欢喜万分，以为领奖后可以买洋房、做生意，这一生再也不用这根挑东西的竿子过活了，一激动就把竹竿狠狠地扔到大海里。不消说，连那张马票也一起丢了。因为钱没有到手先丢了竹竿，结果是空欢喜一场。'"

孙中山风趣的话，引来台下一片笑声。孙中山接着回到本题："对于我们大多数人，民族主义就是这根竹竿，千万不能丢啊！"

孙中山先生充满幽默感的故事不仅让昏昏欲睡的人们清醒过来，也使得自己的演讲取得了良好的效果。幽默是最能表达其修养与涵养的方式。古今中外，凡是讲话幽默与富有风趣的管理者，无不受到大众的欢迎和爱戴。幽默生动的语言可以更有效地传情达意，增进互相了解。领导者以幽默坦然待人，可以使听众解除心理上的顾虑，缩短心理上的距离，从而使听众畅所欲言，表露真情实感，了解听众的愿望、动机和目的。

林语堂先生说："幽默是一种人生态度。"幽默的语言能使紧张的气氛顿时显得轻松活泼，若是幽默中散发着亲和力的说话，则能让对方感到善意，这样表达出的观点更容易被对方所接受。在日常工作中，幽默而带亲和力的语言风格无处不在，它成为了人际交往的调节剂。在每年的文艺晚会上，相声小品之所以一直成为观众最喜欢的节目之一，就在于它的表现形式离不开幽默，那独具幽默而不缺乏亲和力的语言风格强烈地感染着观众的心。

那么，管理者在日常讲话中该如何运用幽默呢？

1. 来源于生活的幽默

管理者讲话的时候，可以采用"错位思维"来捕捉生活中的喜剧因素，也就是不按照普通人的思路想，而是盆到有趣的一面去。管理者在生活中，要善于使用这样的思维方式去捕捉一些喜剧因素。平时的逐渐积累，会在你讲话的时候派上用场。适当的时候，就近取一些生活中的事例，这会让下属感到很亲切。

2. 较高的观察力和想象力

幽默的讲话具有反应迅速的特点，这就要求管理者必须思维敏捷、能言善辩。管理者只有具备了较高的观察力、想象力，才能对生活中或身边的人和事观察细致入微，才能在讲话过程中灵活地运用比喻、夸张等方式讲出幽默的话语。

3. 高尚的情趣和乐观的信念

一般来说，幽默的语言是建立在管理者有较高的思想境界和较高的涵养上的。如果是一位心胸狭窄、思想颓废的管理者，他是不会幽默的。恩格斯曾经说："幽默是表明人对自己事业具有信心并且自己占有优势的标志。"因此，幽默永远是属于那些拥有热情的人，属于那些生活中的强者。

4. 较高的文化修养和语言表达能力

一个管理者语言修养高、文化知识丰富，了解和掌握了有关古今中外、天南海北、历史典故、风土人情等各种各样的知识，再加上丰富的语汇、灵活多样的语言表达方式，这样讲起话来就会得心应手，自然就容易活泼、生动有趣。

5. 灵活运用修辞手法

在管理过程中，管理者要灵活运用极度的夸张、反常的妙喻、顺拈的借代、含蓄的反语，以及对比、拟人、移就、拈连、对偶等一些修辞手法，这样才能使你的语言表现出幽默风趣的效果。

6. 平时多用心

日常生活是丰富多彩的，可以为我们提供许多有趣的素材。这些素材会无意识地进入我们记忆库中。在生活中，管理者要做个有心人，随时搜集来自生活中的有趣素材，这样就会使自己的语言材料丰富起来。

总之，幽默的讲话是管理者聪明才智的标志，它要求有较高的文化素养和较强的语言驾驭能力。但是，在讲话过程中，幽默只是一种风格，一种手段，并不是目的，不能为幽默而幽默，在选择幽默故事时，管理者一定要根据具体的语境，恰当地选择幽默的语言。

懂幽默的领导，更易捕获下属的心

幽默是一种值得推崇的心理特质，而那些具有幽默感的领导往往会更容易捕获下属的心。古今中外，无论是民族领袖，还是企业总裁，如果能适时展露自己的幽默，必然会受到下属更多的爱戴。幽默领导力，就是指领导能够通过轻松幽默的方式来化解尴尬、窘迫局面的能力。在现实工作中，做好领导工作就必须要做好沟通工作，而幽默风趣往往能使沟通更顺畅有效，使下属在幽默中得到启示，在欢声笑语中接受建议。

一个言谈举止中充满幽默感的领导，在人群中是很有魅力和亲和力的。因为他善于说下属爱听的话，在谈笑间，给人一种平易近人、可亲可敬的好感，很容易拉近与下属的距离。

1985年年底，全国写作协会在深圳罗湖区举行年会。开幕式上，省、市各级有关领导论资排辈，逐一发言祝贺。轮到罗湖区党委书记发言时，开幕式已进行了很长时间。于是他这样说："首先，我代表罗湖区委和区政府，对各位专家学者表示热烈的欢迎。"掌声过后，稍事停顿，他又响亮地说："最后，我预祝大会圆满成功。我的话完了。"他以迅雷不及掩耳之势结束了演讲。听众开始也是一愣，随后，即爆发出欢快的掌声。

因为，从"首先"一下子跳到"最后"，中间省去了其次、第三、第四……这样的讲话，如天外来石，出人预料，达到了石破天惊的幽默效果，确实是风格独具，心裁别出。

美国著名心理学家吉尔福特通过大量研究发现，具有较高创造力的人往往具有这样的特点：独立性高、求知欲强、好奇心重、知识面广，拥有极强的幽默感。而对于管理者来说，幽默感是亲和力的直接表现，是与下属沟通的金钥匙。简单地说，懂幽默的管理者，更容易捕获下属的心。古今中外，有许多富有幽默感的高人智者，就在我们身边，也有许多优秀的管理者给我们留下了风趣、富有幽默感的形象，同时，留下了难忘的好口碑。

在2000年8月举行的南部非洲发展共同体首脑会议上，曼德拉一连串妙语连珠的幽默话语征服了上千名与会者。他走到讲台前说："这个讲台是为总统们设立的。我这位退休老人今天上台讲话，抢了总统的镜头，我们的总统姆贝基一定很不高兴。"话音刚落，笑声四起。这时，主持人为他搬来一把椅子，请他坐下演讲。他在谢过主持人后说："我今年82岁，站着讲话不会双手颤抖得无法捧读讲稿，等到我百岁讲话时你再给我把椅子搬来。"会场里又是一阵笑声。曼德拉在笑声后开始正式发言。

讲到一半，他把讲稿的页次弄乱了，不得不来回翻看。他脱口而出："我把讲稿页次弄乱了，你们要原谅一位老人。不过，我知道在座的一位总统，在一次发言时也把讲稿页次弄乱了，而他自己却不知道，照样往下念。"这时，整个会场哄堂大笑。"其实，讲稿不是我弄乱的，秘书是不应该犯这样一个错误的。"结束讲话前，他说："感谢你们把用一位博茨瓦纳老人名字命名的勋章授予我这位老人。我现在退休在家，如果哪一天没钱花了，我就把这个勋章拿到大街上去卖。我肯定在座的一个人会出高价收购的，他就是我们的总统姆贝基。"这时，姆贝基情不自禁地笑出声来，连连拍手鼓掌，会场里掌声一片。

曼德拉幽默的语言调动了人们的情绪，在那种场合都是极为严肃的，或许，在场的人们根本没有精力过多地关注某个人。但是曼德拉幽默的语言给大家带来欢乐，调动了他们积极倾听的情绪，同时，也捕获了在场观众的心。

运用幽默来管理下属，管理者往往可以取得很好的效果。一些著名的跨国公司，上至总裁下到一般部门经理，已经开始将幽默融入日常的管理活动，并把它作为一种新的培训手段。这是因为每个人都愿意与幽默的人在一起相处。有经验的管理者都知道，要使身边的下属能够与自己齐心合作，就有必要通过幽默使自己的形象更人性化，如此，才能更好地俘获下属的心。

不过，领导在运用幽默的时候，应注意下面几个问题。

1. 看场合

在大部分场合，幽默都能起到正面效果，但在有些场合，比如有重大灾难、出现严重问题、讨论严肃问题的讲话中，幽默还是少用为好，否则会让人觉得轻浮。而不同的听众所能接受的幽默方式与内容也是不同的，幽默还需要有针对性。

2. 别牵强

幽默最好是自然而然地流露，这样才能起到真实的效果，而不能勉为其难地去逗人笑。幽默是在广泛的社会经验与深厚的知识素养基础上自然的风度表现，是不能强求的。

3. 无恶意

幽默是为了增强亲切、热烈的交谈气氛的，是为了让他人高兴的，如果用歧视性语言来表现出你的幽默，不仅容易伤害到别人，也会使自己的形象一落千丈。

4.讲文明

幽默是高雅的，不能使用一些粗俗的语言。幽默是体现风度与修养的，是高雅的语言艺术。如果用一些粗鄙流俗的语言来作为幽默材料，不但不能取得幽默诙谐的效果，反而会给人一种庸俗不堪的感觉。

幽默的表达本身是富有亲和力的，而亲和力恰恰是捕获下属心的关键。管理者在风趣、和蔼的谈吐之中，通俗易懂、深入浅出地论述上级的路线方针和政策，让人听了愿意接受。具备幽默感的管理者，他会敞开心扉与下属沟通，动之以情、晓之以理，寓教于乐，并在欢声笑语中博得下属的信任与赞成。

运用各种幽默策略，调节管理氛围

　　幽默是一个十分重要的交际手段。在一些严肃的气氛或者尴尬的场景之中，风趣的语言往往会产生"四两拨千斤"的效果，让人们或紧张或疲惫的心情得到放松。恩格斯曾经说过："幽默是具有智慧、教养和道德上优越感的表现。"幽默的语言能够让社交的气氛变得轻松和融洽，是最有趣最有感染力的语言传递艺术。

　　除了社交场合，在现代企业管理中，"幽默管理"越来越流行。那么，什么是幽默管理呢？幽默管理就是在管理工作中的用人、沟通、激励、组织建设、文化建设等多个方面，恰当地运用幽默的力量，把幽默的人性与管理的严肃性有机地结合起来，在恰当的场合与时机，用幽默缓解氛围，提出更容易让人接受的建议，增强管理者的亲和力。或许，在大部分人看来，管理是一件科学严谨的事情，但幽默则会成为管理工作中有效的调剂品，有了幽默，管理者能更容易地调动下属的积极性，增强团队的凝聚力，加强团队成员的亲密度，提高沟通的效率，甚至，还可以帮助下属缓解工作压力带来的紧张感。

　　辛亥革命胜利后，孙中山当了临时大总统。有一次，他身穿便服到参议院出席一个重要会议。然而，大门前执勤的卫兵，见来人衣着简单，便拦住他，并厉声叫道："今天有重要会议，只有大总统和议员们才能进去，你这个大胆的人要进去干什么？快走！快走！否则，大总统看见了会动怒，一定会惩罚你的！"孙中山听罢，不禁笑了，反问道："你怎么知道大总统会生气的？"一边说着，一边出示了自己的证件。卫兵一看证件，才知道这个普通着装的人竟是大总统。惊恐之下，卫兵扑倒在地，连连请罪。孙中山急忙扶卫兵起身，并幽默地说："你不要害怕，我不会打你的。"

孙中山巧用幽默的语言批评了卫兵，化解了尴尬的气氛，增进彼此情感上的交流。如果他厉声呵斥、命令卫兵，反倒不会有这么好的效果了。这样幽默式的批评方式，可以有效地缓解被批评者的紧张情绪，也可以使双方之间处于一种愉快的氛围，启发被批评者自己思考，从而增进相互间在情感上的交流。

企业管理者运用幽默管理，能够很好地减轻下属的工作压力。著名的伊士曼·柯达公司，在纽约为2万名员工建造了一座有4个活动场所的"幽默房"。其中一个是图书室，内有各种笑话书籍、卡通书籍以及幽默光盘、录像带和录音带；一个是玩具房，里面有各种各样宣泄压力的器具，比如仿真人形象的吊袋；一个是能容纳200人的会议厅，厅内布置了幽默大师卓别林和笑星克罗麦克斯的许多剧照；一个是高科技房，配备具有幽默功能的各种软件。这些都是幽默的展现，它们可以帮助下属放松神经，增强快乐情绪，减轻工作压力，自然，也为下属所青睐。

有一个年轻主管，在一家大型民营企业工作，在较短的时间内，熟练了各种工作流程，取得了可喜的工作成绩。老板对这位聪明能干的小伙子十分赏识、非常高兴地对他说："小伙子，好好干，我是不会亏待你的。"

其他人对这种场面话顶多是逢场作戏或者默不作声。不过这个小伙子却并不这样认为，他觉得这是一次不可多得的机遇，应该将这种听多了的场面话当成老板对自己的承诺。于是，他轻松地一笑，对老板说："我想您一定会把这句话放到我的口袋里的。"老板一听，觉得这个小伙子非常有性格，于是就开怀大笑起来，爽快地应到："放心吧，一定会给你放到口袋里去的。"不久之后，他就获得了一个大大的红包和加薪的奖励。

这位年轻的小伙子是很聪明的，一句幽默的话就加深了在老板心目中的印象，同时也给自己的工作带来了丰厚的回报。如果在老板对他进行鼓励的时候，他只是表现出一种诚惶诚恐的表情，说些日后努力工作的话，恐怕就不会在较短的时间内获得加薪和红包奖励了。

当然，在管理过程中，管理者可以运用各种幽默策略，诸如幽默地批评、自嘲、激励等。只要你能恰到好处地运用幽默，那都是有可能帮助到自己的管理工作的。

那么，在管理工作中，幽默能起到哪几方面的作用呢?

1. 激励下属的作用

在美国内战时期，官兵们误认为敌人的兵力是自己的三倍，顿时，士气低落，当问到敌方有多少兵力，林肯毫不犹豫地说："120万。"接着，他解释说："每当我们的将领打败仗时，总认为敌人是我们三到四倍的兵力，现在我们的兵力是40万，那么，如此以三倍计算，不就是120万了吗?"在这里，林肯委婉地批评了军官们盲目的埋怨和恐慌的情绪，以幽默的方式坚定了士兵们的信念，鼓舞了士气，使军官们消除了心中疑虑，重新振作起精神。

2. 提升领导威望

在很多时候，幽默不仅能给下属带来快乐和欢笑，其中还能够有效地提升管理者的威望。比如，在面对记者犀利提问的时候，如果管理者能幽默回答，如此机智而幽默的回答，不仅表现出了管理者的聪明才智，也为自己赢得了荣誉。

3. 调节人际关系

当上下级之间出现了一些不愉快的事情，管理者恰当的幽默技巧可以快速化解矛盾，使人际关系变得融洽而畅通。当然，幽默是智慧的表现，是修养、学识、品格等方面的结晶。一个管理者只有平时善于学习，善于观察，善于积累，不断地充实和丰富自己，才能学会真正的幽默艺术。

动用幽默，批评也能说得悦耳动听

人非圣贤，孰能无过？无论是谁，都有犯错误的时候。管理者很多时候都要指出他人的错误，但如果这时你给予的是过激的、不适当的批评，只会让对方在错误的路上越走越远。实际上，批评是一种艺术。即使你信奉"忠言逆耳利于行，良药苦口利于病"，但也别忘了，人都是有自尊心的。如果你想用"嘴"来说动别人的"腿"，那么，你不妨试试幽默"疗法"。先来看下面的故事：

刘星是公司行政部门的主管，公司保洁这一块儿归他管。一天，他在上卫生间时，看到洗手台上有积水，就对旁边的保洁人员说："阿姨，积水是要清理干净的。"

没想到保洁人员说："没事，一会儿别人洗手，又有很多水了。"

刘星有点生气，但还是忍了忍，对她说："我先给你讲个故事吧，伏尔泰曾有一位仆人，有些懒惰。一天伏尔泰请他把鞋子拿过来。鞋子拿来了，但布满泥污。于是伏尔泰问道：'你早晨怎么不把它擦干净呢？'

'用不着，先生。路上尽是泥污，两个小时以后，您的鞋子又要和现在的一样脏了。'

伏尔泰没有讲话，微笑着走出门去。仆人赶忙追上说：'先生慢走！钥匙呢？食橱上的钥匙，我还要吃午饭呢。'

'我的朋友，还吃什么午饭。反正两小时以后你又将和现在一样饿了。'"

保洁阿姨听后，没多说什么，赶紧去打扫起来。

这里，刘星的故事奏效了，他通过讲伏尔泰的幽默故事，批评了保洁工人的懒惰，如果他厉声呵斥、命令她，就不会有这么好的劝诫效果了。

那么，可能有些管理者会产生疑问，到底我们该如何动用幽默批评下属呢？下面这些建议可能会有所帮助。

1. 批评前先调侃自己

批评时，如果很快地进入正题，被批评者很可能会不自主地产生抵触情绪。即使他表面上接受，却未必真心认可。所以，先让他放松下来，然受再开始你的"慷慨陈辞"。要做到这一点，你不妨先调侃一下自己，再幽默地批评他人。

临近上课，刘老师走到教室门口，只听坐在前面的王勇兴奋地喊了一声："刘大爷来了！"学生们一见真是老师来了，哄堂大笑起来。

刘老师故意打岔说："今天王勇怎么这样客气，竟叫我'刘大爷'！"学生们笑得更响了。

接着，刘老师一本正经地说："其实，我们在校园里不必这么客气，不管老师年纪大小，只要叫'老师'就好了，不要叫'大爷''大叔'的，但也千万不能没有礼貌，直呼老师的姓名。"

几句装糊涂打岔的话，说得王勇脸红了。

案例中的这位刘老师是个很懂批评之术的人，面对学生的无礼，他并没有大发雷霆，也没有严厉地批评，而是先调侃一下自己，当学生们为此发笑时，他再以开玩笑的方式指出学生对老师直呼其名这一行为的不礼貌，让学生王勇认识到自己的错误，同时，也对其他同学起到教育作用。试想，如果这位刘老师在对犯错误的学生批评教育时，板起面孔训斥一通，严肃得不见一丝笑容，那么不是师生矛盾激化，就是呈现貌似平静实隐波澜的僵局，教育效果不佳，也会使学生背上思想包袱，心理负担颇重。

2.反弹琵琶的幽默批评法

反弹琵琶，是一种创新的批评方法，它不仅能在平凡中发现不平凡，有时甚至能化腐朽为神奇。

某单位几名青年经常通宵达旦地打麻将。

一天深夜，当他们在其中一个青年家玩性正酣时，青年的妻子下夜班回来了，这把他们惊呆了，在场的"看客"都以为这个女人会大发雷霆。

谁知她却微笑着说："都几点了，还在'筑长城'啊，既然这样热爱'长城'，今后有机会我们上北京八达岭长城去游个够。"

短短的几句话，乍一听，好像是褒扬，实际上提出了批评意见，很富有幽默色彩。她的话一说完，那几个青年便收起了麻将。

这位妻子说话如此委婉客气，这是她好修养、好气度的表现。假如她换一种盛气凌人的口吻呵斥："怎么搞的？半夜还在打麻将，请你们离开！"只能让对方反感。

3.批评过激时可以用幽默挽救

现实生活中，一些管理者心直口快，面对他人错误，一阵狂风暴雨之后才发现，原来自己真的"言重"了。这种情况下。你可以采取幽默法补救。

一位女士去看病，她等了半天，也没有等到检查结果。于是，她很生气地对医生说："你们的办事效率也太低了，要是我有疾病的话，估计现在都进天堂了。"

面对病人的抱怨，这位医生也很不高兴，就紧皱着眉头说："你暂时还不会去天堂，但你的健康状况糟透了！你的腿里有水、肾里有石头、动脉里有石灰。"

这位女士一脸尴尬，挤出笑容说："医生，如果你现在说我脑袋里有沙子，那么我明天就可以开始盖房子了。"两人相视而笑。

这则故事中的女士是个机智的人，当她发现自己的话可能让医生产生了不愉悦的情绪时，她就借助医生的话，开了个玩笑，让彼此释然。

总之，作为企业管理者，如果你需要批评他人，那么请在批评时给人一个台阶，尽量用幽默使你的批评妙趣横生，既鞭辟入里又轻松愉快，这样才能起到事半功倍的效果。

恰当自嘲，开开自己的玩笑

在你身边，什么样的人最受欢迎？你一定会回答：有幽默感的人。因为有了幽默感，他们更善于与其他人沟通，即便表达反对意见也不让人反感；因为有了幽默感，他们总会成为聚会的主角，人人都愿意和他们聊上几句……而最受欢迎的幽默方式是什么？答案一定是自嘲。它是一种生活的艺术，还是一种对人生挫折和逆境的积极、乐观的态度。自我解嘲并不是逆来顺受、不思进取，而是一种随遇而安的心态，对于那种可望而不可即的目标做一下重新调整，设计出符合当下自己的目标，追求新的目标。

自嘲就是"开自己的玩笑"。比如，管理者在演说过程中放下架子，运用诙谐的语言巧妙地自我介绍，这样会使听众倍感亲切，无形中缩短与听众的距离。

营销讲师金克言先生在一次有近千名观众参加的演讲会上准备演讲，可台下只响起了稀稀拉拉的掌声。于是他说："从大家的掌声中可以发现两个问题：第一，大家不认识我；第二，大家对我的长相可能不太满意。"几句话缩短了与听众的距离。台下大笑，掌声一片，反应热烈多了。他接着说："大家的掌声再次证明了我的观点！"话音刚落，台下笑得更厉害了，又是一阵热烈的掌声。这个开场白既活跃了场上气氛，又沟通了演讲者与听众的心理，一箭双雕，堪称一绝。

然而，一些管理者可能认为，开自己的玩笑是一件没面子的事，其实不然，敢于拿自己开涮才能彰显更谦逊的人生态度，才更易获得下属支持。

在一个宴会上，服务员倒酒的时候，由于不小心，倒在了一个顾客硕大的秃头上。很多人都惊呆了，请客的主人感觉到自己丢了面子，怒气冲冲地要把老板叫来赔罪，而服务员更是吓得面无人色，手足无措。然而，这位客人并没有丝毫的愤怒，用毛巾擦了一下湿漉漉的脑袋，笑吟吟地对服务员说："美女，你以为这种方法治疗秃顶会有效吗？"在场的人听了都不禁笑了起来，尴尬的局面也被打破了，那位服务员更是感动得不知道说什么才好。

这位客人拿自己的秃头开玩笑，既展示了自己宽广的胸怀，又维护了自我尊严，同时还给那位粗心的服务员提供了一个台阶，算得上是一举三得了。

人们要想做到自我解嘲，就要保持一颗平常心。保持平常心，就是不被名利所累，不为世俗所牵绊，不以物喜，不以己悲。这不是轻易就能做到的。只有树立了正确的人生观、价值观，对名利地位、物质待遇等采取超然物外的态度，才能心怀坦荡，乐观豁达，才能在精神上轻松起来，保持平常心，敢于自我解嘲。

具体来说，我们在自嘲时，可以针对这些方面：

1. 笑笑自己无关痛痒的缺点

笑自己的长相，或笑自己做得不很漂亮的事情，会使我们变得较有人性，并给人一种和蔼可亲的感觉。如果你碰巧长得英俊或美丽，试试你的其他缺点。如果你真的没有什么缺点就虚构一个，缺点通常不难找到。比如一位大学足球队的教练，有人向他问起某位明星球员。这位教练说："他是很不错的球员。但是有一个缺点，就是他已经大四了。"

一次，陈毅到亲戚家过中秋节。进门就发现一本好书，便专心读起来，边读边用毛笔批点，主人几次催他去吃饭，他不去，就把糍粑和糖端来。他边读边吃，竟把糍粑伸进砚台里蘸上墨汁直往嘴里送。亲戚们见了，捧腹大笑。他却说："吃点墨水没关系，我正觉得自己肚子里墨水太少哩！"

人们喜爱陈毅，难道和他的这种豁达、幽默的禀性没有联系吗？

2. 用幽默将缺点转化为优点

有时你确实存在一些不足，如外貌的缺陷、自身的缺点、言行的失误等，自信的人能较好地用幽默的语言维护自尊，自卑的人往往陷入难堪。对影响自身形象的种种不足之处大胆巧妙地加以自嘲，能出人意料地展示你的自信，在迅速摆脱窘境的同时显示你潇洒不羁的交际魅力。如你"海拔不高"，不妨说自己"浓缩的都是精华"；如其貌不扬的你找了一个美丽的她，不妨说"我很丑但我很温柔"；即便你背上扣个小罗锅，也不妨说你是背弯人不弓。

某老师讲话有口音，普通话不过关。有一次上课，讲到某一问题要举例说明时，他把"我有四个比方"说成了"我有四个屁放"。一时教室里像炸开了锅，学生笑得不可收拾。老师灵机一动，吟出一首打油诗："四个屁放，大出洋相，各位同学，莫学我样，早日练好普通话，年轻潇洒又漂亮。"老师的机智幽默赢得了学生们的热烈掌声。

可能你会认为，嘲笑自己的缺点和愚蠢，是幽默的最高境界。然而，不同态度的自嘲带给听众的感受是不同的。如果我们尖刻地嘲笑自己，他人会觉得我们犯了愚蠢的错误，活该受到惩罚，那我们只会感到屈辱。因为这种态度背后的潜在意识就是相信我们应该比实际的更好，而如此人生态度正是我们超脱的障碍。如果我们内心充满了爱来嘲笑自己，就能达到某种和蔼可亲的超脱。因为我们自认愚蠢，但不顾影自怜。

总之，在管理中，自嘲是不可多得的灵丹妙药。别的招不灵时，不妨拿自己来开涮，至少自己骂自己是安全的。除非你指桑骂槐，否则一般不会讨人嫌。智者的金科玉律便是：不论你想笑别人怎样，先笑你自己。

第 08 章

倾听先行，管理者不但要说更要会听

身处职场，各项工作离开下属的支持都是无法开展的。而我们也发现，一些善于倾听下属意见的领导总是能做得游刃有余。因为倾听意味着尊重、理解和关心，倾听是成功沟通的一个关键因素。"倾听永远凌驾于说之上"，管理者不要总是滔滔不绝，而要学会做一个智慧的听者。

不会倾听的领导是做不好管理的

口才对于管理的重要性毋庸置疑。然而，管理者并不只是在"说"，还需要"听"。只有耐心倾听，才能了解他人心中所想，才能对症下药地"讲"。

北大光华学院的教授说过这样一句话："倾听，是一种平等而开放的交流。"从心理学的角度看，人与人之间的语言交流，如果只是流于表面，是毫无意义的。每个人都有倾诉的心理要求，如果我们能满足对方的这一心理要求，在沟通前多倾听，那么，就掌握了高效沟通的钥匙。倾听这个看似无关紧要的细节，却能体现我们的情商如何。从事管理工作的领导者若希望和下属高效沟通，就要首先注重倾听。

然而，很多领导在潜意识里都有一种优越感，因为自己地位比别人高，或是比别人有经验，比别人懂得多，所以，在日常工作中，他们拒绝倾听任何人的意见。当然，我们不否认，领导在见识、眼光、韬略上有过人之处，但人无完人，只有广纳众长才能使团队往最好的方向前进。

我们再来看看下面一则寓言故事：

从前，有一位潜心布道的神父。

这天，他按照计划来到一个小村长，他走进了教堂，准备为这里的人祈祷。但突然下起了大雨，不到几个小时的工夫，洪水就淹没了整个村庄，教堂也没有幸免。

村里的警察赶来时，洪水已经淹没了他的膝盖。警察让他赶紧离开教堂，但神父却固执地说："不，我不走！我坚信仁慈的上帝一定会来救我的，你先去救别人吧！"

过了一会儿，水越来越深了，已经淹没了神父的腰部，神父只好站在椅子上继续祈祷。这时，有几个救生员划着船在教堂外大喊："神父，赶快过来，我们救你走！"神父还是执着地说道："不，我要坚守着我的教堂，相信慈悲的上帝一定会将我从洪水之中救出去的。你赶快先去救别人吧。"

又过了半个小时，整个教堂完全被洪水淹没了，神父只好爬上房顶十字架上，在滚滚的洪水中坚持着。这时候，一架直升飞机缓缓地飞到了教堂上方。飞行员丢下悬梯，大喊道："神父，快上来吧，这是最后的机会了，我们可不愿意看到你被洪水冲走！"神父依然意志坚定地说："不，我要守住我的教堂！上帝绝对会来救我的。你去救其他人吧。上帝会永远与我同在！"

固执的神父最终也没有逃脱被滚滚洪水冲走的命运……

死后的神父还是有幸到了天堂，他质问上帝，为什么不来救他？上帝回答道："我怎么不肯救你了？你忘记了？第一次，我派警察劝你离开那危险的地方，可是你却坚决不肯；第二次，我派了一只救生艇去救你，但你还是一意孤行不肯离开；第三次，我派了一架直升飞机去救你，结果你还是不愿意接受我的救助。是你自己太固执了，总是不肯接受别人的救助，我在想，你是不是太想见到我了，那么，我就成全你吧。"神父顿时哑口无言。

这位神父令人啼笑皆非，他是虔诚的，却又是迂腐的。当然，最终，他只能被淹没在洪水之中。

周先生是一家小型杂志社的社长，他不管在什么场合都喜欢装腔作势，有时候甚至故意地降低自己的声调来表现庄重。平日里，他总是到处吹嘘自己无所不知。下属发现他说错了话，会小心地指出其错误，可周先生从来不听，也不愿意接受，他固执地坚持自己的想法。

在杂志社的每次例行会议上，他都故意装腔作势，在发言中夹杂着很多的暗示性话语或英语来显示自己的见识广博，但是他还是得不到别人的认同。因为他对任何事都喜欢进行评判，所以他所出版的刊物，总是被人批评为现学现卖、肤浅的杂学之流。当他一开口说话，下面的员工就说："天啊！他又要开始了。"然后便十分痛苦地忍着，听他大放厥词。

像周先生这样固执已成，自鸣得意的领导，自然难以得到下属的真心认可。有的时候，倾听比一味卖弄更能赢得人心。

当然，倾听并不是那么简单的，管理者不仅要用耳朵去听，更要用心去揣摩。那么，在倾听过程中，管理者应该注意哪些问题呢？

1.表现出耐心

下属的谈话在通常情况下都是与心情有关的，可能会比较零散或混乱。这时管理者要有耐心，不要随意打断，如果你自以为是地去理解，去提出意见，就会产生不好的效果。

2.引导性提问

在倾听的过程中，可以通过引导性提问，让下属继续说你需要了解的部分。比如，"后来发生什么事情了？""为什么会出现这样的情况呢？"

3.不要随意打断下属的谈话

在倾听时不要随意打断下属的谈话，也不要借机把谈话主题引到自己的事情上，随意加入自己的观点作评论等，这都是不尊重下属的表现。

4.不要胡乱猜测或者随意插话

面对下属正在诉说的事情，领导者不要胡乱猜测或随意插话，这样会打乱下属的思路，不利于他继续说下去。

　　有时候，最有价值、口才最好的人，不一定是最能说的人。上帝赋予我们两只耳朵一个嘴巴，本来就是让我们"少说多听"。善于倾听，是一个卓越的领导应具备的基本素质。管理者要想处理好与下属之间的关系，很大程度上在于自己能够保持一种倾听和沉默的态度。有时候，话太多并不是一件好事，而沉默往往效果更好。

倾听是上下级沟通的开始

现实生活中，人们在工作和生活之中每时每刻都进行着沟通，管理者也是如此。而其中重要的一条沟通技巧就是倾听，可以说，倾听是上下级沟通的开始。但对于沟通的真正定义，并不是所有的管理者都能领悟。同时，善于运用沟通的技巧，并能够进行有效沟通的管理者可能更少。

有些管理者作风强势，这对于果断、迅速地解决问题是有帮助的，但另一方面也会因听不进去他人意见、一意孤行而导致决策失误。

有一个年轻人去拜访苏格拉底，向他求教演讲术。苏格拉底刚开口没说几句话，这位年轻人不但不认真听，反而打断老师的话，自己滔滔不绝讲了许多话，以显示自己的才能。苏格拉底说："我可以教你演讲，但必须收双倍的学费"。年轻人问："为什么要双倍呢？"苏格拉底说："要教你两门课，除演讲外，还要上一门课——怎样闭住嘴听别人说话。"

从苏格拉底这段话里，我们能明白一个道理，在诉说之前一定要倾听，倾听是诉说的前提。正如没人认为自己不会说话一样，几乎没有人认为自己不会听。可事实上，大多数人并不懂得有效倾听。某种意义上，交流有效与否往往更取决于听者而非说者。反过来说，失败的交流往往源自听者的疏忽。那么，你认为自己真的明白倾听的艺术吗？你在下属眼里是个值得尊敬的领导吗？你是不是还没听下属解释就责怪他们工作做得不够完美？是不是又自以为是地认为自己是领导就什么都是正确的呢？实际上，积极倾听可以让对话的节奏舒缓下来。这样的对话为思想火花的迸发营造了空间。

因此，管理者无论是与下属还是上级沟通，也无论沟通的场合是严肃还是轻松，在你开口前，请记住一定要多听。只有倾听。才能帮助你在回答问题时更加有的放矢。当我们养成倾听的习惯时，就会更关注对方真实的问题、挫折以及需求。同样，只有能认真听取下属的意见，你才能在短时间内建立一支高效能的队伍，并将这样的高效维持下去。

在管理工作中，管理者是否能倾听员工的心声也关系到员工积极性是否能被有效激发。可想而知，一个人的思想若出了问题，还怎么能卓越地完成任务呢？管理者要经常与员工沟通，一旦发现问题，就应耐心地去听取员工的心声，找出问题的症结，这样才能有助于管理目标的实现。

而事实上，有相当一部分管理者还是抱着古板的沟通观念和习惯，他们认为，作为下属和员工，听从自己的意见和指令都是理所当然的事。于是，他们经常会这样说："听我说了这么多了，你们觉得我的观点怎么样？"此时，可能根本没有人愿意回应你的话。这是为什么？因为你没有意识到倾听才是沟通的开始。

一位管理者要成功，很有必要先听听自己的职员都在说什么，多听听他们的意见和建议，这对你的管理工作相当有必要。

那么，具体来说，在管理工作中，作为领导的你该如何运用倾听这一艺术呢？

1.使用身体语言表达你正在倾听

对此，你需要注意的是：不要忘记点头，这是你正在听的证明；身体面向说话者；与对方进行目光交流；表情平和，不要不耐烦。

2. 复述

也就是说，倾听的时候，你需要偶尔重复说话者所叙说的内容。这样做不仅表示你认真听了对方的话，还能确保你正确理解了对方的话，甚至能意外获得更多信息。

比如，当有人告诉你："真可惜，你没参加昨天的会议，太有趣了。"作为倾听者，你应该反问道："是吗？什么有趣的会议？"然后倾听他继续说下去。

3. 发问

倾听不仅要带着耳朵听，还需要有语言的交流。发问在倾听中起到的就是一种信息的反馈作用。

比如，当你的下属需要请教你工作上的难题，你可以先询问他的想法。此时，你要做的是，看着他的眼睛，以这样的发问方式开始："能告诉我，你是怎么想的吗？"先这么说一句，然后再倾听。

当然，在对话过程中，发问的技巧很重要。对不同的人，可提问不同的问题。

对于大多数管理者来说，要想发挥好倾听的力量，获得最佳效果，做到上述几个方面已经足够了。但这并非易事，需要管理者们勤加练习，灵活运用。

兼听则明，管理者要广开言路

倾听是管理者的一项重要工作。是否善于倾听，直接反映其领导水平和管理能力。自古以来，在官场就有着"言能进，道乃进"的执政理念，意思是说，只有能够听得进下属的意见，才能使自己的工作得到不断完善。大企业家强调，只有广泛倾听下属的意见和建议，才能有效地管理下属，更好地完成工作。

战国时期，齐王下令："群臣吏民能面刺寡人之过者，受上赏；上书谏寡人者，受中赏；能谤讥于市朝，闻寡人之耳者，受下赏。"意思是："群臣和百姓能当面指责寡人之过的，受上赏；上书规劝寡人的，受中赏；能在公共场合议论寡人的过失而被我听到的，受下赏。"这道旨令一下，收到了极好的效果。一年之后，人们想再进直言，已无话可说了。而这个国家在很长一段时间内，国泰民安，社会稳定。

管理者只有注重并善于倾听多方的意见和呼声，才能从中汲取智慧和力量，为实施政策打下良好的基础，从而真正做到扎扎实实、全心全意为下属服务。人心向背是决定一个企业兴衰成败的根本因素。管理者要想赢得人心，就要倾听下属的心声，而心声并不在书本上，也不在企业里，而在下属的心里和话语里。了解下属，最有效的途径就是倾听对方的言论。

我们再来看看下面的故事：

有一天，唐太宗升朝议事，他端坐在龙座之上，双手轻按龙座扶手，神态庄严、威武，两边侍者大气不敢出。他轻轻咳嗽一声，问大臣："众爱卿，你们中的许多人都是能言善辩的宿儒，为什么上朝议事，却总是慌慌张张，甚至讲话颠三倒四呢？"

魏征深知个中缘由，便上前一步，毫不客气地奏道："皇上，你形象威武，每上朝又总是神态严肃，气势咄咄逼人，加之朝廷气氛森严，所以为臣才那么慌张。皇上以后临朝，宜稍减龙威，最好放下皇帝的架子，对大臣和颜悦色。这样，大臣们发言讲话就会自然了。"

唐太宗有些暗中得意，又有些难堪；但转念一想，又觉得这种肺腑之言难得，不便发作怒火。于是，他将计就计，想用近来萦绕于胸的问题难一难魏征。

"爱卿之言提醒了我。近来，我一直在思考古人常议论的'明君''暗君'的问题。你对这明、暗之别，有何高见呢？"

魏征胸有成竹，缓缓上前，应声答道："陛下，作为万民之主而能兼听各方面的意见，则为明君。偏听一方意见，甚至于偏信小人的意见，则为暗君。像隋炀帝那样的君主，就是暗君。只有明君，办事才能不出差错，赢得万民拥戴。而暗君，必定落得个身死名裂，亡国灭族的下场。请陛下慎之。"虽然唐太宗听到这样的话有点不舒服，但还是决定听从魏征的劝谏。

唐太宗是历史上著名的明君，而其之所以在历史上有那么大的名气，最关键的原因就是他懂得倾听下属的意见，尤其是对于魏征这样敢于直谏的人，唐太宗也忍住性子，耐心倾听，因此，唐朝才能不断变得繁荣。

20世纪60年代，日本的经济陷入低迷状态，当时的松下电器也遇到了其他企业都遇到的问题。为此，松下决定调整整个销售体质，但这却遭到了所有人的反对。

随后，为了倾听大家的想法，松下召开了集体会议。会议开始，松下就说："今天我召集大家来这里，就是想知道关于改变现下的状况大家有什么具体的想法，请各抒己见吧。"

说完，松下就请那些持反对意见的人带头发表意见，他则什么都不说，只是静静地坐着倾听。

当所有反对者的发言都结束了的时候，他才缓缓地站起来，开始陈述自己的意见，也就是新的销售方法、推行目的等。当他说完以后，那些原本持反对观点的人居然都沉默了，接下来，他们鼓起了掌。

应该说，松下之所以能解决度过经济危机，完全得益于这次召开的会议，而会议的成功也得益于他善于倾听。他把说话的机会交给这些下属，让他们感受到了被尊重，从而很快消除了反对者对政策变化的不满，最终成功推行了自己的改革措施。

那么，如何才是倾听有道呢？

1. 用心倾听

在我们身边，每个人都是一个独特的世界，都是一道美丽的风景。要想领悟风景背后的奥秘，只有用心倾听。倾听别人，不是用耳朵，而是用心。心若不到，满耳都会是噪声。管理者在倾听下属或其他人讲话的时候，需要用心倾听，这样，你才能获取更多的信息。

2. 用脑倾听

在倾听的时候，还需要用脑，善于分析下属所说的话，判断对方真正想说的是什么，真正想要的是什么，他在话题中回避了什么，什么时候是真情流露，什么时候又是欲言又止。听下属说话，你需要通过其话语找出其心中所隐藏的未说的话。不喜欢思考的管理者是做不好听众的，因为讲话者的真实意图常在语言之外。

3. 用脸倾听

不同的表情会表达出不同的含义。下属在说话的时候，同时也在用表情、声调、手势诉说。而作为听者的领导，虽然没有说话，但眼神、嘴角、下巴也透露了许多信息。好的听众应该是一个积极的参与者，应适时用表情、眼神等，去影响整个交流的过程。

4. 用嘴倾听

倾听者自然也有说话的权利。虽然在某些时候，插话会令说话的人不悦，但恰到好处的插话却是令人欣喜的，诸如赞同的话"对""确实如此""你说得太好了""太精彩了"等，都能够很好地鼓励对方继续说下去。

总之，管理者应该反思自己，提升自己的倾听能力，牢记兼听则明和广开言路。

善于聆听，迅速赢得人心

古人云："听君一席话，胜读十年书。"在现代交际中，倾听的重要性依然不减。倾听，是人们建立和保持关系的基本。英国管理学家威尔德说："人际沟通始于聆听，终于回答。"没有积极的倾听，就没有有效的沟通。

其实，沟通无非就是听与说的过程，但听应在说前。善于倾听，体现的不仅仅是一种理解，更能彰显一个人的谦逊，是赢得他人好感的关键。管理者在日常生活和工作中，也要养成倾听的习惯，以此表达对下属的尊重、关心和信任，从而激发他们的工作积极性。

有一次美国知名主持人林克莱特访问一名小朋友，问他说："你长大后想要做什么呀？"小朋友天真地回答："我要当飞机驾驶员！"林克莱特接着问："如果有一天，你的飞机飞到太平洋上空，所有引擎都熄火了，你会怎么办？"小朋友想了想："我会先告诉坐在飞机上的人绑好安全带，然后我挂上我的降落伞先跳出去。"

当现场的观众笑得东倒西歪时，林克莱特继续问他："为什么要这么做呢？"小孩的回答透露出他的真挚："我要去拿燃料，我还要回来！我还要回来！"

林克莱特的善于与人沟通首先体现在他懂得如何倾听。他并没有嘲笑一个孩子天真的想法，而是继续听孩子讲出自己这样做的原因。

实际上，古今中外，有许多杰出的人士都非常注重倾听。前世界首富也就是美国华顿公司的总裁山姆·沃尔顿，他创立了沃尔玛企业，资产已经超过了250亿美元，他的家族现在还是世界上最有钱的人之一。山姆·沃尔顿以前就会不断地去考察竞争对手的店面，不断地想对方到底哪里做得比自己好。他还积极倾听员工的建议：我们要如何做才能比竞争对手更好？我们到底有哪些服务不周的地方，需要改善？

在沃尔玛公司，高层领导们一再强调倾听基层员工意见的重要性，即使现在公司规模不断扩大也是如此。

沃尔玛实行"门户开放"政策，这个政策的含义是，在公司内，即任何时间、地点，任何员工都有机会发言，都可以以口头或书面形式与管理人员乃至总裁进行沟通，提出自己的建议和关心的事情，包括投诉受到的不公平待遇。公司保证提供机会讨论员工们的意见，对于可行的建议，公司会积极采纳。

沃尔顿先生总是很乐于接见来自各个基层的工作人员，他总是很耐心地听对方把话说完，如果情况属实，或者对方的意见正确，那么，他就会认真解决与之有关的问题。同时，他要求公司每一位经理人员认真贯彻公司的这一思想，并要付诸行动，而不是做表面工作。

沃尔玛重视对员工的精神鼓励，总部和各个商店的橱窗中，都悬挂着先进员工的照片。公司还授予特别优秀的管理人员"山姆·沃尔顿企业家"的称号。

沃尔顿还强调：员工是"合伙人"。沃尔玛公司拥有全美最大的股东大会，每次开会，沃尔玛都要求尽可能多的部门经理和员工参加，让他们看到公司的全貌，了解公司的理念、制度、成绩和问题，做到人人心中有数。每次股东大会结束后，沃尔顿都会邀请所有出席大会的员工约2500人到自己家里来举办野餐会。

在野餐会上，沃尔顿与众多不同层次的员工聊天，大家畅所欲言，交流对工作的看法，提出对公司的建议，讨论公司的现状和未来。每次股东大会结束后，被邀请的员工和没有参加的员工都会看到会议的录像，而且公司的刊物《沃尔玛世界》也会对股东大会的情况进行详细的报道，让每个员工都能了解到大会的每一个细节，做到对公司确实全面地了解。沃尔顿说："我想通过这样的方式使我们团结得更紧密，使大家亲如一家，并为共同的目标而奋斗！"

正是这种乐于倾听员工意见、视员工为合伙人的平等精神，造就了沃尔玛员工对公司的强烈认同和主人翁精神。在同行业中，沃尔玛的工资不是最高的，但他的员工却以在沃尔玛工作为荣，因为他们在沃尔玛是合伙人。

在企业内，每个领导，都要给员工发挥意见的机会，实际上，这也是领导者尊重员工的一种体现。你要把员工当成企业的一分子，在企业决策上，也应该征询他们的意见，倾听员工的疑问，并针对这些意见和疑问给出反馈——什么是可以接受的？什么是不能接受的？为什么？如果你遇到了困难，那么，你应该告诉员工，你需要他的帮助。

消除不满，倾听反对者的看法和意见

职场中人总是不难发现：一个人际关系好的管理者在工作中总是能顺风顺水，这是因为他们总是能得到下属的支持；而那些人缘不好的管理者在工作中总是处处犯难。很明显，是否能与下属打好关系，是管理者做事能否成功的关键。管理能力强的领导者在工作中会重视反对者的看法和意见，让所有员工产生参与感和被重视感，认为自己也是企业的主人翁，从而愿意全身投入工作。

人际交往的目的在于沟通，以获得对方好感。沟通时，我们难免会听到反对的声音，而对待这些反对意见的方式，不但决定了沟通的效果，决定了我们做事的结果，更影响到人际关系。善于倾听反对意见并认真处理反对意见的领导者，能快速与人达成共识，消除不满，赢得认同。

玛莉是一家私企老板，一直以来，她的企业都运营得不错，这主要是因为她善于听取员工的意见，总是能把员工对企业的不满及时消除，让员工敢说话、说真话。

比如，最近一个月，她发现员工的工作积极性降低了，为此，她召开了一次全体员工大会，让大家以无记名的方式将个人意见投到意见箱中。后来，当玛莉当着众人的面打开这些意见条之后，她发现，原来公司大部分员工都对最近各级领导暗中实行的招聘方式很不满。玛莉事后进行了解，原来公司新进的一批员工都是有背景的。自此之后，为了消除员工的消极情绪，她在公司内实行了一次严格的新人考核制度，而大部分"关系户"都被刷下来了，剩下的一批精英最终也被员工们接受了。

后来，玛莉亲自在公司制定了一套"坚持制度选人与不拘一格相结合"的选人制度，而这一举措自然受到了员工的认可。

这里，我们不得不佩服玛莉处理问题的方法。如果她全部开除那些"关系户"、实行一刀切，自然会埋没某些人才；而全部留为己用，自然也无法让其他员工们心服口服。采用一套严格的考核制度不仅能为公司选到优秀的人才，还能及时消除公司内部的不满声音，可谓一举两得。而玛莉能够迅速解决矛盾，消除隐患的依仗就是她能够倾听并认真考虑反对者的看法和意见。

试想，如果玛莉不听反对意见，就难以发现员工积极性降低的本质原因，甚至做出错误的决策。

三国时期，关羽、张飞的离去，让刘备痛心疾首，于是他决定讨伐吴国。他带领几十万大军一路披荆斩棘，杀入吴国境内。眼看吴国就要败了，可是在这关键时刻，孙权力排众议重新起用陆逊。刘备亲自在猇亭（夷陵）布列军马，直至川口，接连七百里，前后四十营寨。白天的时候，旌旗多得可以遮蔽太阳，夜晚的时候军营发出的火光把天都照亮了。这时候忽然细作来报说："东吴用陆逊为大都督，总制军马。陆逊令诸将各守险要不出。"刘备问道："陆逊是何人？"马良上奏说："陆逊虽东吴一书生，然年幼多才，深有谋略；前袭荆州，皆系此人之诡计。"刘备立即大怒："竖子诡计，损朕二弟，今当擒之！"便传令进兵。马良马上进谏："陆逊之才，不亚周郎，未可轻敌。"刘备不禁失笑："朕用兵老矣，岂反不如一黄口孺子耶！"于是亲自率领着前军，攻打诸处关津隘口。

此夷陵之战最终以蜀军惨败收场。刘备自恃自己用兵已经多年，深知兵法，一开始就对陆逊有了轻视之心，面对来自马良的建议，刘备拒绝倾听，反而说："朕用兵老矣，岂反不如一黄口孺子耶！"这样的自恃雄才直接导致了后来"火烧连营八百里"的惨败，这就是没有倾听下属建议的结果。

从下属的角度试想，如果我们的生活圈子里有这样一个固执己见、自以为高人一等的人，我们会愿意与他交往吗？答案必然是否定的。同样，在当今企业中，管理者必定会遇到下属意见与你不一的情况，如果你此时耳目闭塞、刚愎自用，必然得不到下属的拥戴。为了协调上下级、员工之间的关系，也为了更好地解决问题，管理者一定要善于倾听反对者的意见，及时消除不满。

管理者若想获得下属的支持，就要学会谦虚、低调，学会认真处理下属的反对意见，只有这样，才能让下属感到被尊重和重视，才愿意信任和支持你。

第09章

智慧博弈，谈判是一场无硝烟的战争

当今社会，任何行业内都充斥着激烈的竞争，作为企业的带头人，管理者在竞争中占据着举足轻重的地位。谈判是利益竞争的手段之一，然而，成功谈判并不是一件易事。谈判是一场智慧与心理的较量，需要管理者冷静处理、言谈谨慎、主动出击、灵活应对，唯有如此，才能占据谈判主动权，争取利益的最大化。

以"双赢"理念，令谈判对方更易接受

管理者都希望为团体赢取最大利益，于是，在各种利益争夺战中，一些领导总是想方设法在利润上"做手脚""磨嘴皮子"，与合作方僵持不下。而实际上，现代社会，要想与人实现长期合作，就必须不断寻求建立双方友好关系的途径，其中就包括双赢。

在谈判阶段，若管理者能以"双赢"的理念开展谈判工作，就能更好地促进与客户之间的长期合作关系。具体该怎么做呢？我们先来看看客户主管杨建的谈判经历：

杨建是一家油漆公司的销售主管，他们公司推出的油漆有环保、无异味的特点，很符合现在家居环保的要求。正因为这一优点，杨建所在公司的生意一直做得很好。

最近，他联系了一家地产公司的李经理，洽谈了许多合作事宜。但是，李经理坚持要压价，这一点让杨建很为难。他需要回去和上级领导商量，于是谈判暂时搁置。不久后，杨建和李经理再次坐在了谈判桌旁。

"李总，你好！关于您提出的降价条件，我已经与公司上级领导商量过了。我们都觉得，如果您能在贵小区优先替我们旗下的新油漆公司做广告宣传的话，我们公司愿意以最低的价格与您这样的大客户建立长期合作。"

"不好意思，我们从不会为住户主动推荐哪种油漆。"

"您误会我的意思了，我们并不是希望您推荐，我们只需要一个安全的宣传环境就行。"

"你们要宣传多久？"

"从开盘开始后的一年内。"

"可以。"

最终，李经理以最低的价格落成了新的楼盘，而杨建所在公司旗下的新产品油漆也得到了大力的宣传，销量很好。

案例中合作的达成就是因为利用了双赢这一原则，交易双方都获得了利益，交易必然水到渠成。

任何管理者都希望能为团体赢取更多的利益，但如果你一心想着如何占他人的便宜，你要么会因为贪婪的心理而误入歧途，要么会驻足不前没有业绩。但凡能在市场上长期站稳脚跟的企业都懂得双赢的道理，因为这是能长期维持合作关系的前提。

管理者也应本着"双赢"的理念开展谈判工作，并时刻以双赢作为成交的基础。具体来说，你需要秉持以下几点谈判原则：

1. 诚信为先

诚实守信是一切交易的前提，也是实现双赢的前提。管理者在与对方谈判的时候，无论是介绍产品，还是在谈判阶段，都要秉着一切从事实出发的原则，切忌添油加醋地一味夸大，更不能欺骗对方，否则一旦被对方拆穿花招，就很难再取得对方的信任，交易也就很难进行下去。

2. 从对方的需求出发

如果你能事先了解对方的真实需求，真诚地替对方着想，为对方提供最适合他们的产品，让对方认识到接受谈判条件所能带给他的优势，了解的确得到了足够的利益，这样对方也会在一定程度上作出让步，从而实现双赢。

3. 站在对方的角度上说话

"这种产品的市场价格一直很高，我们给的报价已经很低了，总不能让我们亏本做生意吧！"

"这种产品的价格确实贵了点，但你想想看，它的性能好，才可以支持贵公司的高强度作业，安全才有了保障。"

很明显，第二种说法比第一种说法更为高明，因为它能联系到客户的实际情况，显然更容易被客户接受。要想得到客户更多的信赖，你就要站在客户的立场上为客户出谋划策。

4. 先交朋友，后做生意

有时候，建立公司各类档案很重要，比如，建立客户档案有利于经营与客户的关系。平时，领导也要通过不断关心客户的工作、生活等，让对方视我们为朋友。这样，没有购买的客户会成为我们的准客户，已经成交的客户也会同我们再次合作。

5. 双方达成协议

你要明白，对于谈判双方，再好的关系也要用合同或是书面证明做保障，也就是签约。而法律手段也是保护自己与企业的利益的最根本、最有效的方法。

把握主动，始终引领对方的思维

现代社会，在很多领域，人们都需要通过谈判来解决问题。企业管理者也是如此，但成功谈判并不是一件易事。任何谈判实质上都是打心理战，谁先丧失主动权，谁就先偃旗息鼓。要想克敌制胜，就必须始终引领对方的思维。

我们先来看下面这样一个案例：

琳达经营了一家卫浴产品公司，主要做的是进出口生意。因此，她需要参加一些涉外商务谈判。在对下属谈到自己的谈判经历时，她说道：

"我和外商谈判的情况会比较多，因为客户来自世界各地。有时，客户对我们的卫浴产品有一定的偏见，认为把单给我们是一种让步。遇到这样的谈判，我通常是自始至终保持冷静的态度。"

琳达是这么说的，也是这么做的。一次，有一个客户，给她下了100多万美元的单子，但价格却已经低于她所能接受的底线了。关键不在于价格，而是对方的态度和气势。面对高高在上的对方，琳达采取的态度反而是委婉，"不好意思，这个价格我还要考虑一下，但估计情况不会太乐观，因为我们卖的是品质。"听到这话，这个客户一拍桌子站起身来就走了。

两天后，这位客户从欧洲飞回来，说一定要马上见琳达，而琳达给他的回复是："抱歉，两三天后我才有时间。"后来，这笔生意以双赢的结果成交。

在这场谈判中，谈判对手本想以气势压倒琳达，但琳达并没有受到对方的影响，而是始终比较冷静，以从容委婉的态度去应对，简短的几句表达态度的话就扳回了谈判的主动权，最终实现了谈判的双赢。

在现实的谈判中，一些管理者认为多说话，让对方无力还击，就能赢得谈判的成功。而事实上，言多必失，正因为如此，很多人在谈判中很容易处于劣势，处处显得很被动，其节奏也往往被对手所控制，最后频频让步、以至于还要去争取突破底线的条件。为了避免这一点，我们在谈判中必须要学会以下技巧：

1.巧妙利用冷场

谈判过程中，选择恰当的时机沉默，可以起到带动对方情绪的作用。这里的时机，可以选在以下三个阶段：

（1）在讲话的开头冷场。在谈话开始后就沉默，能让对方主动开口。而对于这种沉默的方式，还可以继续分成两种：一种是吊胃口，也就是你说一段话，然后保持沉默，此时，对方会接下你的话茬儿。比如，假若你是领导，你的下属在工作中出现了问题，你想找他谈谈话，但他就是不说话。此时，你可以这样说："小李，我知道你不知道说什么，那么，就让我先说，等一下我说的时候，如果你发现我有说得不对的地方，你一定要指出来。"接下来，你就这一问题开始讲，当你讲着讲着，对方肯定会跳出来指出你说得不对的地方，一来二往之间，两人就把话说开了。这是第一种冷场的方式。还有第二种方式，那就是真正意义上的冷场，任凭对方做什么，你就是一言不发。假若对方是个急性子，那么，他一定受不了这种冷场而主动说话的。

（2）在讲话的中间冷场。这样做的目的是转移方向。举个简单的例子，你原本想和对方谈论孩子教育的问题，但不知道为什么谈着谈着就谈到了服饰的问题了，为了把话题拉回来，你可以冷场几分钟。对此，你可以说："刚才我们谈到孩子的教育问题。"然后冷场，一秒、两秒、三秒，前面的话题就回来了。

（3）在谈话即将结束的时候冷场。这时候使用冷场的妙处在于表达你已经耐心听完了对方的谈话。一般来说，谈判结束后，停十几秒再答话比较好，这样也能给自己一点思考的时间。

总的来说，冷场并不是说明我们语塞，而是一种谈话技巧。这就相当于一种机关，这个机关可以设在谈话的开场、中间，也可以是结束。

2.声东击西

在谈判中，声东击西其实也就是调转方向。比如说，你和客户在交货时间和价钱上都有分歧，客户的要求是价钱要降低，但交货时间也必须提前。为此，你不妨先在一个方面妥协一点，比如你可以把交货时间提前一个星期，但价格决不能降了。此时，客户在你答应一个条件后，自然还会在另一个问题上和你软磨硬泡。对此，你可以这样说："好啦！我价钱也让给你一点点。"客户肯定很高兴，以为自己两方面都争取到了，但他可能没有发现，你真正要守的就是时间。这里，先从时间上入手，故意称不讲价，然后对方的注意力就会被吸引到价格上，而过了一阵子以后，你再为他降价，那么，对方自然满意，而你在时间这一关上也守住了。

3.喊停

谈判过程中的暂停常常是给自己争取一些空间和时间，例如客户的话题跑得很远，这时就得喊停了。喊停后重新回到谈判桌上，理论上是谁叫停，谁就先讲话，也就是叫停的人取得下一回的发言权。

4.加议题

加议题有两种，一种是把人变多。比如，客户认为你的产品太贵，此时，你不妨再为自己找个行业内的伙伴，进行策略联盟，让他们把自己的产品价格也晾出来。这样，客户需要考虑的就不只是你的产品了，他会进行比较，最终他会发现，虽然你的产品稍贵一些，但在各个方面，都比其他产品优秀。最终，他在权衡之下，当然会接受你的产品。可见，把人变多这种加议题的方式能分散客户的注意力，最终让其调整谈判意见。

另一个加议题的方式是转移话题。还以价格问题为例，客户若希望你降价，那么，你就可以直白地告诉他，如果你想降价，那么，在售后和质量上就没有保证了。此时，对方必然会担心质量和售后问题，并且会询问，这两方面怎么会有问题呢？此时，你就会发现，谈判的中心已经不是价格了，而是质量和售后，也就开始了另一场谈判，主题就是唯有价钱合理，才有质量保证，可能到最后客户会放弃降价的要求。

但在把握对方谈判思维的时候，我们一定要注意：

（1）使用冷场手段的时候，一定要把握好度和提前掌握对方的性格，有些人不喜欢冷场。

（2）要细心。这是任何一个谈判者必须要具备的品质。

（3）要耐心，不要急功近利。行事冲动极易导致谈判失败。尤其是在促成阶段，对方所作出的任何一个决定，都不是一时冲动，他们需要权衡各种客观因素和主观因素。因此，作出决策是一个极其复杂的过程，并不是一蹴而就的。在这个时候，我们应该给对方一定的考虑时间，耐心等待对方作出决定。

以退为进，重新拿回谈判主动权

在谈判的过程中，从利益角度看，谈判双方都努力寻求一种公平公正的协议方式，但在解决一些棘手的利益冲突问题时，如双方就某一个利益问题争执不下时，作为代表一方利益的领导者，如果你死守自己的立场，不肯退步的话，那么，你迎来的不是谈判的失败就是僵局。

一般来说，管理者参与谈判时身兼重任，因此，他们不太敢用退出来要挟对方，生怕谈崩了弄得鸡飞蛋打。而谈判老手会"不择手段"地揣摸对方的真实意图，摸清对方的底牌，掌握谈判的主动权，这时再以什么方式取胜，便是技术问题了。暂时离开谈判桌，即以退为进，也是常用的一种技术。

晋文公重耳逃之在楚国时受到楚王的优待，许下了退避三舍的诺言。晋文公回国当政后，公元前633年，楚国和晋国的军队在作战时相遇。晋文公为了兑现他许下的诺言，下令军队后退九十里（一舍等于三十里），驻扎在城濮。楚军见晋军后退，以为对方害怕了，马上追击。晋军利用楚军骄傲轻敌的弱点，集中兵力，大破楚军，取得了城濮之战的胜利。

晋军的"退避三舍"原是为重诺而谦让，却让对方放松警惕，使晋军赢得了主动，获得最后的成功。

同样，管理者在谈判过程中，也要善于变通，一条道走到底并不利于成交，我们不妨也退一步，缓解紧张的谈判氛围，减小损失，获得最大的利益。

一位营销专家曾经说过："谈判并非一条直线，而是一个圆，销售员处于这个圆上的某一点，我们的目标是到达圆内的另一点。当我们无法朝着一个方向直线前往的时候，我们完全可以转个身，退后几步，从另一个方向跨越障碍到达目的地。"一些管理者之所以谈判失败，往往是由于他们在谈判时缺乏变通，不懂得"以进为退"，浪费了不少口舌却得不到对方的点头。因此，谈判中，我们不要画地为牢，误以为坐在谈判桌前就非得谈出结果不可。其实，离开谈判桌，并不是你不想做成这笔交易，有时候，这反倒是促成成交的有效手段。

谈判过程中，只要管理者能抓住对方的心理，懂得退一步的话，那么，必当能置死地而后生，获得更大的进步。但在使用这一策略的时候，管理者需要注意以下几条法则：

谈判法则一：懂得造势。

一定要充分利用各种手段进行造势，在外部环境中给对方造成压力和动力。

谈判法则二：懂得退步。

当谈判处于僵局就需要一个退步，你可以先告诉对方，由于该项目比较重要，拍板权在老板或是董事会手里，"你看，我只是一个小小的部门主管，这个问题我哪能做得了主啊！老板给我的权限就到这里了"，有时候可以让老板背下"黑锅"，然后再退一小步，"要不这样，在××问题上，我尽力帮您争取达到……"多数时候，产生僵局不是因为根本性的原则问题，而是面子问题。你一软下来，给了对方面子，对方也就软下来。再一起吃饭聊聊天，气氛一缓和，谈判成功往往也差不多了。

谈判法则三：不能急于求成。

　　领导者还要掌握谈判的节奏，这个很重要。对于今天不谈下来明天就属于其他人的"项目"，谈之前一定要清楚自己的底线，在范围内妥协让步，如果超出了底线，干净利落放弃，不要纠缠；而如果"项目"是你眼中的璞玉、别人眼中的石头，就可以慢慢谈，计算得失优劣。

　　谈判法则四：掌握主动权。

　　千万不能顺着对方思路走，一定要有自己的主见，让对方跟着你的思维。

　　总之，在利益冲突不能采取其他的方式协调时，管理者聪明地、恰当地运用让步策略是非常有效的工具。但成功退步的策略和技巧还表现在语言上，需要管理者巧妙地运用。

说点好听的，令对方被喜悦冲昏头脑

我们都知道，每个人都长着一双喜欢听赞美的耳朵。马克·吐温曾说过："一句得体的称赞能让自己陶醉两个月。"无论是咿呀学语的孩子，还是白发苍苍的老人，都会希望获得来自社会或他人的得当赞美，从而让自己的自尊心和荣誉感获得满足。人们听到赞美，都会心情愉快，信心大增，自身受到肯定的同时也容易对称赞者产生好感。

在谈判中适当赞美对方，不仅能缩短谈判双方的距离、密切彼此关系，更会为谈判的成功奠定良好的基础。领导干部在谈判时，尽管都是抱着要赢取最大利益的心态，但在赞美面前，每个人都愿意为了愉悦自己的耳朵而放弃一些利益。

有一位律师，有一天和太太驾车到长岛去拜访几个亲友。太太留他陪一位老姑妈聊天，自己则到别处去见几个年轻亲戚。由于这位律师不久后要发表演讲，演讲的题目是"如何运用赞赏原则"，于是他觉得不妨以这位老姑妈为对象，体验一下使用的效果。他环顾四周，看看有什么值得称赞的。

"这栋房子是在1890年建造的吧？"他问道。

"是的。"老姑妈回答："正是那年建造的。"

"这使我想起我们以前的老房子，那房子很漂亮，盖得很好，有很多房间。现在已经很少有这种房子了。"律师说道。

"你说得很对。"老姑妈表示同意，"现在年轻的一代，已经不在乎房子漂不漂亮了。他们只要那种小公寓就够了，然后开着车子到处跑。"

"这是一栋像梦一般的房子。"老姑妈的声音因回忆而颤抖了。"这是一栋用爱造成的房子。我的丈夫和我梦想了好几年，我们没有请建筑师，这完全是我们自己设计的。"

她带着这位律师到处参观，律师也真诚地发出赞美。室内有很多漂亮的陈设，都是她四处旅行搜集来的——小毛毯、老式的英国茶具、有名的英国威奇伍瓷器、法国床和椅子、意大利图画及曾经挂在法国一座城堡里的丝质窗慢。

看完了房子，老姑妈和律师已经成为忘年交。律师仅用赞美就打开了老人的心扉。

每个人都需要赞美，正如故事中的这位老姑妈。而这样的赞美也可用于职场。

在谈判中，作为一方管理者的你，如果一直在气势上、利益上压倒对方，这就把交易变成了交底，把谈判变成了审判。表面看你是完全彻底地胜利了，实际上你在某种程度上已经失败了。因为"得理不让人"是谈判大忌。即使对方被迫无奈地和你签约了，但是，他的内心会认为你是一个办事刻薄、对人缺乏厚道的对手，此次合作就可能成为绝唱。而你如果能巧用赞美，让对方在谈判桌上感到有所得，那么，来日方长，日后还有什么问题不能解决的呢？

1671年5月，伦敦发生了一起令人震惊的盗窃案。一伙盗贼潜入伦敦市郊的马丁塔，想盗走英国的镇国之宝——英国国王的皇冠。然而，这群盗贼技艺不够高超，被守塔的卫队给擒住了。事后查明，这伙盗贼一共五个人，是团伙作案，为首的是一个叫布雷特的家伙。此人能言善辩，机警诡诈。

英国国王查理二世听说有人去盗他的皇冠，非常震惊，亲自审问这个胆大妄为的盗贼。

布雷特被押到了国王面前，查理二世看着这个其貌不扬的人，实在看不出他有什么特别之处。于是开口问道："听说你还有男爵的头衔？"

"是的，陛下。"布雷特老实地回答。

"我还听说你这个头衔是因诱杀了一个叫艾默斯的人而得来的？"

"陛下，我只是想看看他是否配得上您赐予他的那个高位，如果他轻而易举就被我打发掉，陛下就能挑选一个更适合的人来接替他的位置。"

查理二世沉思了片刻，觉得布雷特不仅胆大包天，而且口齿还很伶俐。于是又厉声问道："你的胆子可真不小啊，居然敢来偷我的王冠？"

"陛下，我知道我的行为有点狂妄，不过我只是想借此来提醒您关心一下我这个生活没有依靠的老兵。"

"什么？可是你并非我的部下啊！"查理二世惊奇地问道。

"陛下，我从来都不曾与您为敌过。现在天下太平，所有的臣民不都是您的部下吗？我当然也是您的部下。"

查理二世感到此人像个无赖，就直接问道："那你说吧，我该怎么处理你？"

"从法律的角度来看，我应该被处死。但是，我们五个人死后，每一位至少会有两位亲属为之落泪。而从陛下您的角度来看，多十个人的赞美，总比多十个人的眼泪要好得多，您说对吗陛下？"查理二世没想到他会这样回答，接着又问："那么你觉得自己是个勇士还是懦夫？"

"陛下，我现在连个安身的地方都没有，到处都有人在抓我。直到去年我在家乡搞了一次假出殡，让一些人认为我死掉了，才不再被人追捕。这显然不是一个勇士的行为。因此，尽管在别人面前我是个勇士，但在陛下的权威面前，我是个懦夫。"

查理二世听到布雷特的辩解，居然大悦，不仅赦免了他，还赏给他一笔不小的赏金。

这位叫布雷特的盗贼与国王查理二世交涉的过程，其实就是一场谈判。而他在被抓到后，之所以没被处罚，反而获得了一笔赏金，就是因为他懂得满足国王的虚荣心，对其进行了一番巧妙的赞美。而从局外人的角度看，在这场交涉中，很明显，查理二世吃了亏，布雷特占尽了便宜。但从国王的角度，布雷特的辩解却是切中了他的心理需求，因此布雷特得到赏赐，也就毫不奇怪了。

由此可见，有时候，谈判双方之间并不需要立场分明、不苟言笑的交涉，有时候赞美对方，维护和提高对方的地位，不仅可以有效地缓解与对方的关系，还能让对方主动让出利益。

赞美在谈判中的作用不由分说，但如何在谈判中运用赞美也是一门艺术。在谈判中过于夸张的赞美会让对方感到尴尬，失实或者不恰当的赞美则显得虚伪。因此，赞美不仅要真诚，更要有的放矢。

欲擒故纵，让对方钻到你的"套"里

生活中，可能很多恋爱高手都会使用这样的一招：想要抓住你，却故意装出一副不理睬你的样子，于是更加吸引了你的注意。这样的高手使用的就是欲擒故纵术。欲擒故纵中的"擒"和"纵"，是一对矛盾。军事上，"擒"是目的，"纵"是方法。古人有"穷寇莫追"的说法。实际上，不是不追，而是看怎样去追。把敌人逼急了，它只得集中全力，拼命反扑。不如暂时放松一步，使敌人丧失警惕，斗志松懈，然后再伺机而动，歼灭敌人。

管理者在谈判中也是如此。诚然，谨慎提防是双方共同的谈判态度，不管你如何引导对手，对方似乎都不妥协。其实，既然如此，何不唱唱反调，欲擒故纵呢？让对方感到自己满不在乎的态度，反而有可能压制对手开价的胃口，确保己方在预想条件下成交。

美国的一家航空公司要在纽约建立一座规模庞大的航空站，他们找到实力强大的爱迪生电力公司，希望该公司能在电价方面给予优惠。

这是一笔航空公司向电力公司求助的买卖，所以，电力公司自认为掌握了谈判的主动权，态度强硬。他们告知航空公司，要求低电价的做法是不可能被公共服务委员会批准的，他们也不敢擅作主张。

面对谈判中出现的这一难题，航空公司马上作出相应的反击。他们明确表示，如果电力公司不给出优惠电价，那么，他们会马上从项目资金中抽出一部分来建发电站。这就意味着电力公司将失去一个最大的用户，其经济损失将是不可估量的。

航空公司此言一出，电力公司便慌了神，他们马上改变了原来的傲慢态度，找到公共服务委员会，请求委员会从中说情，表示愿意给予航空公司最大的优惠价格。于是两家公司顺利地达成了协议。

人都是这样，得不到的都是最好的，越是得不到越显得弥足珍贵。航空公司在这次谈判中之所以能以优惠价格达成协议，就是因为他们抓住了电力公司害怕失去这单生意的心态，然后对其下了最后通牒。权衡之下，纵使无奈，电力公司也只好答应航空公司的条件。

任何一个领导者都知道要想成功谈判，就必须要先探清对方的内心世界。事实上，人们出于自我保护的目的，内心世界往往是隐蔽的，对谈判对手也都是谨慎小心，此时，你可以从反方向入手，欲擒故纵，有时候会让你在谈判中有意外收获。

但领导者在采用这一策略时要注意：

1. 立点在"擒"

因此，"纵"时应积极地"纵"，即在"纵"中激起对手的成交欲望。

激的手法是：一方面表现你的不在乎，成不成交利益关系不大；另一方面要尽可能揭示对方的利益，处处为其着想，让其不愿被"纵"。

可见，使用欲擒故纵策略最关键的就是，务必使假信息或假相，做得足以让对方相信。人们通常有一种心理：越是偷偷得来的信息，其真实性越不容置疑。所以，最好是通过非官方、非正式渠道，或第三方之口发布你想让对方知道的消息。

在欲擒故纵的过程中，务必使自己的态度保持半冷半热、不紧不慢。例如，日程安排上不显急切；在对方激烈强硬时，让其表现，采取"不怕后果"的轻蔑态度等。

2. 在冷漠之中有意给对方机会

要把握"擒"的时机，最好在其等待、努力之后，再给机会与条件，让其感到珍贵。比方说对方问到直切主题或是不好回答的问题时，我们可以绕开对方提问，换个我们认为比较成熟或是好回答的问题。如对方一再追问，我们可以说"这个问题可以缓一缓"或是"这是下一步我们要谈的问题"。在对方想知道我们会给他什么样的利益时，我们也可以回避问题。

但是，同时给对方一个希望，越是他想知道的，我们越可以晚一点说，这样一来可以使对方同我们做好配合；二来，也会促使对方更加主动。因为他认为自己会有利可图。

3. 注意言谈与分寸

即讲话要掌握火候，"纵"时的用语应尊重对方，切不可羞辱对手。否则，会转移谈判焦点，使"纵"失控。

当然，谈判中，管理者在运用这一策略的时候，一定要注意：要了解对方的性格，如果对方是个急性子并大大咧咧，你可以对其"愚弄"一番；而如果对方心思细腻的话，你就要慎用这一方法，以免因小失大，失去谈判机会！

第 10 章

注意言语禁忌，管理者别一不小心"说错话"

　　并不是所有的话题在任何时间、任何地方都适合拿来做公开讨论。如果你想成为一名在社交场合左右逢源的管理者，那就应该懂得掌握说话的禁忌、分寸等。与他人说话，交谈不宜过深；尊重对方，避开对方的隐私，并且要做到语言严谨、凝练，不可啰唆重复。将话说得得体到位，方能彰显管理水平。

把握距离，交谈莫言深

在日常交际中，每个人都需要遵循一定的心理原则，如此，才能在社会交际中左右逢源、应付自如。而其中最基本的原则就是保持适宜距离。俗话说得好："距离产生美。"这是一个美学命题，但确有一定的道理。两个人之所以成为朋友，必当是有一定的相容性。但每个人都是独立的个体，是需要一定的个人空间的，如果彼此连一点点个人空间都没有的话，那时间久了定会生厌。

所谓"君子之交淡如水"，面对一些所谓的朋友，交谈不宜过深，如此才能保持好人与人之间的心理距离。当然，交谈不宜过深，包括两个方面，一方面是不要极力追问对方的事情；另一方面是自我表露不宜过深。前者将会引起对方的不快，认为你是带着某种企图在和自己交往；后者会暴露自己过多的信息，导致自己处于不利的位置。

在管理工作中也要遵循相同的道理，如果遇到不是特别了解的人，就不要滔滔不绝、大谈特谈。在工作场景中，管理者身份特殊，说话更应该点到为止，不宜自我表露太多。由于工作的关系，管理者每天都会与人进行语言交流，免不了自我表露，这时候，应该尤其注意表露适当，不能过量、异常、过深，另外还要根据时间、场合、对象调整表露程度。

刘敏在一家外企人事部门担任部门主管，手底下有十几个人。这是一项与人打交道的工作，而她能说会道，因此办公室的同事和领导都非常喜欢她。尤其是她的顶头上司张女士，她们的爱好惊人的相似。她们喜欢买同一品牌的衣服，用同一品牌的化妆品，就连喜欢吃的食物也一样。于是，在刘敏来这家公司不久，她和张女士就成了无话不说的好姐妹，张女士平时在单位也很照顾她。

有一天早上，刘敏和张女士在电梯里遇到，两个人发现她们居然穿着一模一样的外套，真是太默契了，张女士就开了句玩笑："你是个小妖精。"

"我是小妖精，你就是老妖精。"刘敏回答她。于是，两个人笑着去上班了。

但她们俩走得太近了，办公室的其他同事开始说闲话了。张女士意识到了这一点，于是开始刻意避开刘敏，但刘敏却一点也不知趣。

这天，张女士正在办公室谈公事，刘敏没有敲门就进来，半开着玩笑说："老妖精，下班后一起去扫货吧，今天可是'光棍节'，到处在打折呢。"张女士脸色立即变了，只是冷冷地回答："你难道不知道进来前应该先敲门吗？"刘敏这才发现，原来上级领导吴经理也在。

不久，刘敏便被调到市场部做统计，离开了这份自己十分喜欢的工作。

张女士与下属刘敏兴趣相投，于是在一起交流的时间就比较长，两人的距离自然而然地拉近了。两个距离很近的人说话自然会非常随意，这在朋友交往中是正常的。但刘敏忘记了，她和张女士之间还有着上下级的关系。在工作场景中，刘敏依然使用朋友间的说话语调，自然触碰了职场忌讳，闯出了祸事。

日常交际中流行着这样的话"对男人不能问收入，对女人不能问婚否"。这句话表明，社交里的言谈需要遵循"刺猬法则"，说得太多、问得太深，会令对方不悦，同时，也令自己难堪。所以，双方保持一个恰当的心理距离，简单聊几句增进感情不是更好吗？

那么，在日常交际中，管理者该如何遵循刺猬法则呢？

1. 适当地自我表露

在日常交际中，表露是两个人相互的，如果你能真诚地向对方祖露自己的心理、思想，那么，对方也会坦诚相待。但是，如果自己在那里口若悬河地说，但对方却沉默不语，那就是过于表露了。管理者身份特殊，在对一些与自己关系不是很亲密的人对话时，不要过分地表露自己，以免带来一些不必要的麻烦。

面对初次见面的人不要过深地表露自己，要适当保留。如果你自我表露过深，对方可能就会利用你表露的弱点伤害你。过多地表露自己，还可能在一定程度上降低你的自身价值，甚至导致你遭到孤立。而且作为管理者，你应该对自己的情况有所保留，这样才会在人前保持自己的神秘感，从而增加自己的领导魅力。

2. 切忌追问对方的信息

也许，我们可以理解在社交场合中，急切想认识某个人的那种心理，但无论怎么样都应该掌握尺度。对于他人的信息，如果对方愿意谈论，你就听在心里；反之，如果对方不愿意说，那么，你也不要极力追问。穷追不舍是交际中的一大禁忌。

如果交谈时双方有观念上的差异，不要试图逼对方接受你的意见。在一般闲谈时，忌讳打破砂锅问到底。当发现对方对你的问题失去兴趣时，最好赶快闭嘴，免得逼着对方找借口离开。

切忌啰唆，要捡重点的说

在日常工作中，一些管理者讲话有一个明显的弊病，那就是非常啰唆。他们把一些极为简单的问题复杂化，本来三言两语就能说清楚的问题，他们非要重复无数遍，结果越说越离谱，自己也搞不懂在说什么。而在当今社会，由于生活节奏快，人们的时间观念很强，说话简练、直指要害显得尤为必要。尤其在开会时，管理者若能字字珠玑，言简意赅，方能体现其好口才。不少管理者说话泛泛而谈，他虽讲得滔滔不绝、口若悬河，但是下面的听众却面面相觑、不知所云，这就是由于他的话没有说到点子上。讲话啰唆甚至会严重影响婚姻生活。

一个男人告诉他的律师，他要和他的妻子离婚，不过他承认的是，他的妻子很漂亮，也是个好厨子和模范母亲。下面是这个男人和律师的对话。

"那你为何还要离婚。"他的律师问。

"因为她一直在说，说个不停。"男人答。

"那她都说些什么呢？"律师问。

"问题就出在这里，她一直说，但从来没说清楚过。"男人回答。

在现实生活中，不少管理者就像这位妻子，虽然他们一直不停地在表达观点，但是就是说不清楚，也从来未能将他想表达的意思表达清楚。

管理者要想自己的讲话获得较好的效果，就必须讲究语言的简洁、精炼，这样才能使下属在较短的时间里获取更多有用的信息。反之，如果你只是空话连篇，言之无物，那么无疑是浪费时间。有的人哪怕只讲了一句话，也能获得满堂的掌声，而有的人讲了整整一个小时，却只能得到稀稀拉拉的掌声，这就是语言是否言之有物的区别。

吴先生是广州某地区有名的房地产大亨，资产逾十亿。有一年他带着自己的团队从广州飞往某大城市，准备投资当地的房地产，到处寻找合作伙伴。

在经过一段时间的筛选后，吴先生约了一大型房地产公司的负责人进行谈判。当双方坐在了谈判桌前，那位负责人立即对自己公司作了较为详细的介绍，表现得精明能干，这令吴先生颇为欣赏。听了那位负责人对合资企业的宏伟计划后，吴先生似乎已经看到了合资企业的光辉前景。吴先生正准备签约的时候，那位负责人似乎还言犹未尽，他又颇为自豪地侃侃而谈："我们房地产公司拥有一千多名职工，去年共创利税五百多万元，实力绝对算是雄厚的……"

听到这里，吴先生显得有点不悦了，心想：一千多人的公司才赚了几百万，就显得那么自豪和满意，这令吴先生感到非常失望。如果选择这样的负责人经营公司的话，就很难有较高的经济效益和利益。于是，吴先生当即决定终止合作谈判。

其实，如果那位负责人不说最后那句沾沾自喜的话，这次谈判也许就会以另一种结局告终。那位负责人最后几句不着边际、画蛇添足的话，不仅让自身的缺点暴露无遗，而且令吴先生失去了合作的信心，最终撤回投资意向。因为多余的几句话就失掉了一次大好的合作机会，实在是得不偿失。

在日常工作中，我们经常可以看到，有的领导总是喋喋不休、滔滔不绝地高谈阔论，但是又因为没有把话说到点子上，所以显得词不达意、语无伦次，让旁边的人听而生厌；而有的领导喜欢夸大其词，侃侃而谈，说什么话都不仔细考虑，显得很没有分寸。这两种领导者都难以得到下属的认可。所以，领导说话，话不在多，而在于是否说到了点子上。

三思而言，避免张口就来

中华文化博大精深，自古以来，古人总结了一套说话的门道。古人们唇枪舌剑、舌战群儒的故事早已屡见不鲜，但我们同时也发现，一些因冲动失言而一败涂地的案例在历史中也比比皆是，如方孝孺、杨修。

我们经常讲"识人要用眼，说话要用心"，说话绝不是嘴唇上下碰撞的简单动作，而是一个人综合素质的体现。因此，管理者说话之前，一定要进行充分的考虑，了解哪些话应该说，哪些话不该说。该说的话在什么样的场合下用什么样的方式去说等。

我们发现，生活中有这样一些管理者，他们往往只顾发表自己的想法，寻找话语倾泻之后的快感，追求"一吐为快"，却不考虑别人的立场、观念和感受，从而引起别人的厌恶和疏远。无论这个人讲话的目的是什么，不经过大脑脱口而出的话，往往会让别人难以承受，使人际关系蒙上阴影，事业发展遭遇挫折。

在姚明刚加盟NBA休斯敦火箭队的2002赛季，原NBA球星巴克利对这位中国来的大个子十分轻视，觉得他不过是徒有其表而已。在常规赛开打前，巴克利就很瞧不起姚明。常规赛刚开打不久，他就在TNT电视台的"NBA内部秀"上大放厥词，扬言说，在本赛季的任何一场常规赛上，如果姚明能够拿到19分的话，他就会去"亲吻"肯尼·史密斯的屁股。后来，当这件事情传到姚明耳朵里的时候就变成了"如果姚明能够拿到19分的话，巴克利就会去亲吻他的屁股。"姚明听说之后并没有愤怒，而是耸了耸肩，幽默地说："那么，我就拿18分算了。"

正所谓世事难料，在火箭队和湖人队的比赛中，姚明单场拿下了20分，不仅洗刷了屈辱，赢得了队友们的尊重，同时又将"大嘴"巴克利逼入了绝境。肯尼·史密斯素来也瞧不起巴克利的为人，在姚明拿下20分之后，就找到了巴克利，让他履行诺言。巴克利的表情十分难堪，但又不得不为当初的口无遮拦而买单。后来，别人觉得这样做有点过分，就让巴克利去"亲吻"驴子的屁股。饶是如此，但是在数万观众面前去亲吻驴屁股，对谁来说都是一件十分丢面子的事。巴克利在众人的狂笑声中，在镜头聚焦、强光灯的照射之下，满脸通红无可奈何地蹲下身来，万分痛苦地朝着那头驴子的屁股吻去……

巴克利自高自大，说话不经过大脑，最终搬起石头砸自己的脚，不仅引来了别人的捉弄和嘲笑，还在电视机前众多观众面前丢尽了脸面。假如他当初说话的时候能够多思考一下，恐怕就不会是这样的结局了。

事实上，场面话不少人都会说，但并不是谁都能说好。一句不经心的话就可能触到对方的隐私和伤痛。所以管理者在工作中、在朋友聚会或是与人交往时，一定要注意语言美，首先对别人有起码的尊重，不要去评论和传播别人的是非。无事生非、逞口舌之快不仅有损自己的形象，也会阻碍自己的仕途和人际关系发展。所以，管理者一定要管好自己的嘴巴，以免祸从口出。

有一回，小林家里来了一位客人，坐在客厅里一直聊，很长时间都没有离去的意思。

小林还有其他事要做，屡次暗示客人，但那客人却"执迷不悟"。无奈之下，小林心生一计，对他说："我家的月季开得正旺，我们到园子里去看看吧？"

客人欣然而起，于是小林陪他到花园里去赏花。

看完后，小林趁机说："还去坐坐吗？"

这时，客人看看天色，恍然大悟，连忙说道："不了不了，我该回家了，不然会错过末班车的。"

小林这种说话方式，既照顾了他人的感受，又达到了自己的目的，是很聪明的做法。如果小林在屡次暗示客人失败之后，就口无遮拦地对客人下逐客令，肯定会使客人非常难堪，下次决对不会再来了。

在任何场合，管理者都要注意自己的说话方式。为此，你需要做到的是：

1. 三思而后说

俗话说："三思而后行。"说话也一样，语言经过了大脑的思考才更有说服力，而且，也更经得起"检验"。所以，无论是在什么场合，面对什么人，你都需要"三思而后说"，嘴边留个把门的，这样的言语才会显得缜密、谨慎。

2. 懂得随机应变

面对咄咄逼人的问题，有可能你会乱了阵脚，于是，那些该说不该说的就都脱口而出。在这样的情况下，对方有可能会从你的话语中抓住把柄，并且伺机通过言语攻击你。因此，在面对别人的提问时，你要懂得随机应变，恰当停顿，经过思考后用脑子说话。

3. 面对难以回答的问题，找个借口

交谈过程中，如果对方逼你表态，而你无法作出抉择，你就可以大胆坦言："我还需要仔细考虑，请给我一点时间。"这样，你不仅可以省去

许多麻烦，也暂时给了对方一个交待。

总之，在沟通过程中，管理者要想达到自己交谈的目的，就需要谨慎使用一字一句，尽量慎言密语，牢牢把握"胜利"的机会。

有所保留，以免祸从口出

每个人都渴望交流和沟通，语言是人际交流的重要方式。交谈有利于彼此之间交换信息、想法和感受。在管理中，那些不善言辞的领导通常都会在社交中逊色于那些具有良好口才的领导，在办事时遇到更多的阻碍。可以说，口才已经成为新世纪判断一个人管理能力的重要标准。

现实生活中，总是有些领导自视甚高，他们把说话当成辩论赛，好像说得快、说得多就代表自己胜利了。他们说话往往脱口而出，一开口就把自己的老底交出来。正是因为这样，他们往往祸从口出，说一些不该说的话，犯一些无法弥补的错误。

为了与他人有更好的沟通，管理者一定要克制住自己争强好胜的个性，在说重要的话前先打腹稿。只有这样，才能有效避免祸从口出。

曹操煮酒论英雄的故事就说明了谨言慎行、隐藏锋芒的必要性：

东汉末，曹操挟天子以令诸侯，势力大；刘备虽为皇叔，却势单力薄，为防曹操谋害，不得不在住处后园种菜，亲自浇灌，以为韬晦之计。

一天，刘备正在浇菜，曹操派人请刘备，刘备只得胆战心惊地赴会。曹操不动声色地对刘备说："在家做得大好事！"说者有意，听者更有心，这句话将刘备吓得面如土色。曹操又转口说："你学种菜，不容易。"这才使刘备稍稍放心下来。曹操说："方才看见园内枝头上的梅子青青的，想起以前一件往事（即'望梅止渴'），今天见此梅，不可不赏。恰逢煮酒正熟，故邀你到小亭一会。"刘备听后心神方定。随曹操来到小亭，只见已经摆好了各种酒器，一盘内放了青梅。曹操将青梅放在酒樽中煮起酒来，二人对坐，开怀畅饮。

酒至半酣，突然阴云密布，大雨将至，曹操大谈龙的品行，又将龙比作当世英雄，问刘备，请你说说当世英雄是谁，刘备装作胸无大志的样子，说了几个人，都被曹操否定。曹操此时正想探听刘备的心理，看他是否想称雄于世，于是说："夫英雄者，胸怀大志，腹有良谋，有包藏宇宙之机，吞吐天下之志者也。"刘备问，谁能当英雄呢？曹操单刀直入地说："当今天下英雄，只有你和我两个！"刘备一听，吃了一惊，手中拿的筷子，也不知不觉地掉到地上。正巧突然雷声大作，刘备灵机一动，从容地低下身拾起筷子，说是因为害怕打雷，才掉了筷子。曹操此时才放心地说，大丈夫也怕雷吗？刘备说，连圣人对迅雷烈风也会失态，我还能不怕吗？刘备这样的说法使曹操认为自己是个胸无大志，胆小如鼠的庸人，曹操从此再也不疑刘备了。

事实上，曹操"煮酒论英雄"只是为了试探刘备有无称雄的志向，刘备自然心知肚明，他就是担心曹操把他当作对手，就是怕曹操把他当作英雄。如果那样，刘备不但不能为他日成就自己的伟业招兵买马，反而可能会在此时丧失性命，于是在曹操追问他谁是天下英雄时，他假装糊涂，处处设防，甚至用一些其他人物来搪塞，比如袁绍、袁术、刘表等。以刘备的胸怀，这些碌碌无为之人，又怎么能真正入他的眼睛呢？

直言直语可能成为一个人致命的弱点，让你在他人面前暴露无遗，无所防备。可能你在吐露心声的时候，的确没有任何的顾虑，只考虑到自己的"不吐不快"，但当你这句不经意的话导致你的人际关系出现阻碍时，你定会追悔莫及。

"说话"也是一种艺术。说什么、怎么说都有讲究。很多时候，一句恰当的话可以为你加分，而一句不恰当的话就会让你吃亏。由此可见，管理者要有清醒的认识，凡事三思而行，说话也不例外，无论想说什么，都要先打个腹稿，多考虑一下自己这样说的后果，这样，能避免说出很多不该说的话！

言之有物，少说空话套话

管理者都希望自己的言辞有威信，希望下属信任自己。要达到这一目的，管理者说话就要言之有物。然而，在现实工作中，不少人尤其是一些管理者热衷于四平八稳、滴水不漏的空话套话，在媒体面前、在会议室、在工作中，员工们所听到的永远是千文一面的发言、表情呆滞的公文，很难听到生动、形象，能给人留下深刻印象的话。当然，这种现象所造成的情况是下级内心不服从，工作效率一落千丈。

减少空话、套话的前提是敢于说真话。当众说话，若是缺少了真实这个前提，那么，再生动的话仍摆脱不了空话套话的痕迹。一些管理者在说话的时候，就是不会说实话，只会教条式地把一些话搬出来，自然显得语言空洞无味。其实，我们可以在说话的时候，用生活中很浅显的道理来表达自己的想法，实实在在，就会让人清楚你所想要表达的意思。管理者没有必要把一些华丽而无实际意义的语言用到自己的说话中，毕竟管理工作并不是写优美的文章，你说的话重要的是要让他人明白你的意思。管理者应该尽量多说实在话，少说一些冠冕堂皇的话。

明朝初年刑部主事茹太素上言奏事，"陈时务累万言"，皇帝朱元璋听着这篇万字长文，到了六千多字时居然还没有切入正题，龙颜大怒，说茹"虚词失实、巧文乱真，朕甚厌之。自今有以繁文出入朝廷者，罪之！"

于是便命人将茹太素拉上殿来，痛打了一顿板子。打完板子之后，皇帝夜里又命人继续念这篇奏章，直到一万六千多字时，才知道这篇奏章到底要上奏什么事情，而且这上奏的五件事中，茹太素的意见有四条可行。于是朱元璋把这些可行的事情交代下去，并对茹及其他臣子说，"许陈实事，不许繁文"，此奏章中只有五百来字是言之有物的，以后写公文都应该吸取这个教训，并由此发布新的要求，"革新文风"，违者要治罪。

茹太素上言奏事，为何还被痛打了一顿板子？就是因为他的奏章表意不明确，堆砌了太多的空话，浪费了皇帝的精力。当众说话时，如果你首先就对你所达到的目的不是很明确，只是在那里东拉西扯，就会让你的表意不明确，他人也听不出个所以然来。

那么，领导者该如何说才能言之有物呢？

1. 话里要有"内容"

我们说话的时候，要善于在自己的讲话内容中渗透知识性、科学性、实质性的内容，说话既深刻又要有力度，这样才能够给下属提供尽可能多的、有价值的信息，让听者感到"听有所获"，而不是觉得"白听了"。

2. 与时俱进

管理者的发言要洋溢着时代气息，有时代感，不断吸取发展着的、创造性的思想营养和语言营养成分，语言要充满生机和活力，而不能尽是老掉牙的话语。尤其是行业内的领导，应该有卓越的见识，眼光看得长远，走在时代的最前面，高瞻远瞩地把握全局。

3. 目的明确

我们在说话的时候，就应该明确自己的目的，这是说话取得成功的前提。只有明确了目的，才知道应准备什么话题和资料，采取哪种语体风格，运用哪些技巧，从而能够有的放矢，临场应变。如果目的不明，不顾场合地信口开河、东拉西扯，下属就会不知所云，无所适从。

4. 说"明白话"

话语首先是靠人的听觉接受的，要想让听者能听得清楚、听得明白，我们就尽量要少用那些晦涩难懂的书面语，多使用一些通俗易懂的口语。语言要通顺流畅，语气要自然、节奏明快，说出来朗朗上口，他人听起来也就容易接受了。

总之，管理者说话并不是形式主义，如果说套话、假话，肯定会失去威信。唯有"言之有理、言之有物"，这样，才能与听者之间建立牢固的信任关系。

参考文献

[1]刘相阳.实用管理口才与技巧[M].北京：中国纺织出版社，2016.

[2]赫布·科恩.谈判天下：如何通过谈判获得你想要的一切[M].深圳：海天出版社，2005.

[3]肖祥银.说话的艺术：最有中国味的魅力口才[M].北京：中国华侨出版社，2013.

[4]惠转宁，赖华强.领导与管理口才[M].广州：暨南大学出版社，2015.